# AUTISMO
E EDUCAÇÃO

A939 Autismo e educação : da educação infantil ao ensino superior / Organizadores, Carlo Schmidt, Cleonice Alves Bosa. – 2. ed. – Porto Alegre : Penso, 2026.
xix, 180 p. : il. ; 23 cm.

ISBN 978-65-5976-077-0

1. Psicologia. 2. Educação. 3. Autismo. I. Schmidt, Carlo. II. Bosa, Cleonice Alves.

CDU 159.942.5+376.1

Catalogação na publicação: Karin Lorien Menoncin – CRB 10/2147

CARLO **SCHMIDT**
CLEONICE ALVES **BOSA**
(Orgs.)

# AUTISMO E EDUCAÇÃO

## da educação infantil ao ensino superior

**2ª EDIÇÃO**

penso

Porto Alegre
2026

Gerente editorial
*Alberto Schwanke*

Coordenadora editorial
*Cláudia Bittencourt*

Editora
*Mirian Raquel Fachinetto*

Preparação de originais
*Heloísa Stefan*

Leitura final
*Carine Garcia Prates*

Capa
*Paola Manica | Brand&Book*

Editoração
*Kaéle Finalizando Ideias*


(Penso é um selo editorial do GA EDUCAÇÃO LTDA.)
Rua Ernesto Alves, 150 – Bairro Floresta
90220-190 – Porto Alegre – RS
Fone: (51) 3027-7000

SAC 0800 703 3444 – www.grupoa.com.br



IMPRESSO NO BRASIL
*PRINTED IN BRAZIL*

# Autores

**Carlo Schmidt**: Psicólogo. Professor associado do Departamento de Educação Especial da Universidade Federal de Santa Maria (UFSM). Especialista em Autismo pela UFSM. Mestre e Doutor em Psicologia do Desenvolvimento pela Universidade Federal do Rio Grande do Sul (UFRGS). Pós-doutorado na Purdue University, Estados Unidos.

**Cleonice Alves Bosa**: Psicóloga. Professora titular de Psicologia da UFRGS. Mestra em Psicologia pela UFRGS. Doutora em Psicologia pela London University, Inglaterra.

---

**Adriana Araújo Pereira Borges**: Psicóloga. Professora adjunta de Políticas Públicas de Educação da Universidade Federal de Minas Gerais (UFMG). Especialista em Filosofia pela Universidade Federal de Ouro Preto (UFOP). Mestra em Psicologia pela Pontifícia Universidade Católica de Minas Gerais (PUC Minas). Doutora em Educação pela UFMG.

**Adriana Maria Arioli**: Tradutora-intérprete de língua de sinais. Coordenadora do Núcleo de Inclusão e Acessibilidade da UFRGS - Incluir. Especialista em Língua Brasileira de Sinais (Libras) pela Uniasselvi. Mestra em Educação pela UFRGS.

**Armando dos Santos Afonso Jr.**: Psicólogo.

**Cátia Crivelenti de Figueiredo Walter**: Fonoaudióloga. Professora associada do Departamento de Educação Inclusiva e Continuada e do Programa de Pós-graduação em Educação (Proped) da Universidade do Estado do Rio de Janeiro (UERJ). Mestra e Doutora em Educação Especial pela Universidade Federal de São Carlos (UFSCar). Pós-doutorado em Educação: Comunicação Alternativa no Proped/UERJ.

**Daisy Schneider**: Pedagoga com habilitação em Magistério para Educação Infantil. Técnica em assuntos educacionais da UFRGS. Especialista em Psicopedagogia pela Pontifícia Universidade Católica do Rio Grande do Sul (PUCRS) e em Tutoria em Educação a Distância pela UFRGS. Mestra e Doutora em Educação pela UFRGS.

**Débora Regina de Paula Nunes**: Psicóloga. Professora titular do Departamento de Fundamentos e Políticas da Educação da Universidade Federal do Rio Grande do Norte (UFRN). Mestra em Educação pela UERJ. Doutora em Educação Especial pela Florida State University, Estados Unidos.

**Elisângela Bica**: Assistente social. Integrante da Equipe Interdisciplinar do Núcleo de Inclusão e Acessibilidade da UFRGS - Incluir. Especialista em Saúde do Trabalhador pelo Núcleo de Estudos e Pesquisa em Saúde e Trabalho (NEST) da UFRGS.

**Elizabeth Walter**: Fonoaudióloga. Mestra e Doutora em Educação pela UFRN.

**Enicéia Gonçalves Mendes**: Professora titular do Departamento de Psicologia da UFSCar. Mestra em Educação Especial pela UFSCar. Doutora em Psicologia Experimental pela Universidade de São Paulo (USP). Pós-doutorado na Université Paris V – Sorbonne, França, e na Universidad de Salamanca, Espanha.

**Gabriella Koltermann**: Neuropsicóloga.

**Ícaro Araujo de Abreu**: Fonoaudiólogo clínico com atuação em linguagem, voz e neuropsicologia na Clínica Interfaces. Mestre em Psicologia pela UFRGS.

**Iuri Pizetta Moschen**: Psicólogo. Mestre e Doutor em Psicologia pela UFRGS.

**Janaína Aparecida de Oliveira Augusto**: Psicóloga e neuropsicóloga. Especialista em Neuropsicologia pelo Conselho Federal de Psicologia (CFP). Mestra em Distúrbios do Desenvolvimento pela Universidade Presbiteriana Mackenzie (UPM). Doutoranda em Ciências do Desenvolvimento Humano na UPM.

**Jerusa Fumagalli de Salles**: Fonoaudióloga. Professora titular do Departamento de Psicologia do Desenvolvimento e da Personalidade da UFRGS. Especialista em Linguagem pela UFSM. Mestra e Doutora em Psicologia pela UFRGS.

**Juliana dos Santos Martins**: Pedagoga. Professora do Atendimento Educacional Especializado na Educação Infantil da Secretaria Municipal de Educação de Pelotas. Especialista em Atendimento Educacional Especializado pela Universidade Federal de Pelotas (UFPel), em Psicopedagogia Clínica e

Institucional e em Análise do Comportamento Aplicada para o Transtorno do Espectro Autista pela Faculdade Metropolitana do Estado de São Paulo (Fameesp). Mestra e Doutora em Educação pela UFPel.

**Luiz Renato Rodrigues Carreiro**: Psicólogo. Professor adjunto do Programa de Pós-graduação em Ciências do Desenvolvimento Humano da UPM. Especialista em Neurobiologia pela Universidade Federal Fluminense (UFF). Mestre e Doutor em Fisiologia Humana pela USP. Bolsista de Produtividade em Pesquisa Nível 1D do Conselho Nacional de Desenvolvimento Científico e Tecnológico (CNPq).

**Maria Cristina Triguero Veloz Teixeira**: Psicóloga. Professora do Programa de Pós-graduação em Ciências do Desenvolvimento Humano da UPM. Mestra em Psicologia e Doutora em Saúde pela Universidade Federal de Santa Catarina (UFSC).

**Renata Oliveira Crespo**: Pedagoga. Professora da Secretaria Municipal de Educação de Pelotas. Especialista em Atendimento Educacional Especializado pela Universidade Cesumar (UniCesumar). Mestra e Doutora em Educação pela UFPel.

**Síglia Pimentel Höher Camargo**: Psicóloga e professora de Educação Inclusiva. Professora associada da Faculdade de Educação e do Programa de Pós-graduação em Educação da UFPel. Mestra em Psicologia pela UFRGS. Doutora em Psicologia Educacional pela Texas A&M University, Estados Unidos.

# Prefácio

O conhecimento acerca do transtorno do espectro autista (TEA) avançou muito no País desde a publicação da 1ª edição desta obra, em 2002. Naquela época, eu, Cleonice, e meu colega Claudio Roberto Baptista, da Faculdade de Educação da Universidade Federal do Rio Grande do Sul (UFRGS), propusemos um livro que abordasse a educação de alunos com TEA. Isso era necessário, pois naquele período se iniciavam os debates sobre inclusão no Brasil. Foi difícil reunir pessoas do meio acadêmico com experiência nesse campo, pois a pesquisa sobre TEA era incipiente e a realidade da inclusão era ainda distante. Havia mesmo quem defendesse a ideia de que crianças com TEA não deveriam frequentar a escola comum de ensino pelo risco de terem suas dificuldades exacerbadas ou até de "prejudicarem" a aprendizagem dos demais alunos.

Um dos pontos centrais que explicam essa escassez de conhecimento era a baixa prevalência de TEA na década de 1990: 4 a 5 para cada 10.000 habitantes (Lord *et al.*, 2000). Os critérios diagnósticos eram restritos, constituindo-se de uma série de condições agrupadas em diferentes subcategorias (transtorno autista, transtorno de Asperger, síndrome de Rett, etc.). O próprio termo que definia a condição nos manuais de classificação de transtornos mentais foi mudando no decorrer do tempo (transtorno invasivo do desenvolvimento, transtorno pervasivo do desenvolvimento e transtorno global do desenvolvimento), até se difundir a noção de espectro, em um enfoque dimensional em oposição ao categórico (APA, 2014). Desapareceram as "divisões" que antes caracterizavam o quadro. Os critérios diagnósticos foram ampliados, e esse fato, somado a outros fatores, tais como a pesquisa crescente, os movimentos sociais, a maior conscientização acerca de diagnóstico precoce e sintomas do TEA, tanto pelos profissionais quanto pela população, fez com que a prevalência atingisse níveis antes inimagináveis: 1 para cada 36 habitantes na atualidade (Maenner *et al.*, 2023).

O conhecimento sobre diagnóstico precoce de TEA em crianças ganhou fôlego, unindo os campos da psicologia e da educação nas investigações sobre o tema, com as noções de desenvolvimento social infantil auxiliando na compreensão dos comprometimentos desses aspectos no TEA, e a neuropsicologia contribuindo para a explicação dos comportamentos repetitivos e estereotipados, bem como do funcionamento cognitivo. Entretanto, algumas lacunas ainda persistiam. Apesar de haver registros desde a década de 1960 (Rimland, 1964) sobre diferenças do funcionamento sensorial no TEA, somente na 5ª edição do *Manual diagnóstico e estatístico de transtornos mentais* (APA, 2014) essas dificuldades foram mencionadas. Desde então, pesquisas buscaram entender melhor o processamento sensorial no autismo, especialmente pelo seu impacto na aprendizagem em contextos sociais, como nas escolas (Ben-Sasson *et al.*, 2019).

O crescente aumento da prevalência de TEA fez disparar a demanda por serviços e pela qualificação de profissionais, bem como pela formação de educadores. Políticas públicas visando à promoção da saúde e à inclusão de pessoas com TEA foram implementadas no País.

Mesmo o Brasil sendo signatário de documentos internacionais em favor da educação inclusiva desde o início da década de 1990 – como a Declaração de Salamanca e a de Jomtien –, somente em 2008 foi possível vislumbrar uma mudança mais potente no cenário da inclusão educacional escolar. A publicação da Política Nacional de Educação Especial na Perspectiva da Educação Inclusiva (Brasil, 2008) redefiniu a educação especial no Brasil ao inseri-la na perspectiva inclusiva, garantindo que alunos com deficiência intelectual ou sensorial, transtornos globais do desenvolvimento e altas habilidades/superdotação tivessem seu direito à educação assegurado nas escolas comuns. Com isso, adquiriu relevo o atendimento educacional especializado (AEE) – serviço prestado pela educação especial de forma transversal a todas as etapas e modalidades da educação –, desde a educação infantil até o ensino superior, garantindo suporte aos alunos que dele necessitam.

A atenção ao desenvolvimento das pessoas com autismo voltou-se em grande parte para a educação, destacando a necessidade da formação de professores e do desenvolvimento de pesquisas que sustentassem políticas públicas de natureza inclusiva. Nesse contexto, foi publicada a Lei nº 12.764 (Brasil, 2012), estabelecendo a Política Nacional de Proteção dos Direitos da Pessoa com Transtorno do Espectro Autista, que, entre outras demandas, assegura a matrícula obrigatória de estudantes autistas em escolas comuns e estimula o desenvolvimento de pesquisas e a formação de professores. O cenário da inclusão de alunos com autismo passou a estar no centro das discussões mais recentes, mostrando a necessidade urgente de produção qualificada de conhecimento que auxilie no estabelecimento de políticas públicas, na formação de professores e gestores, bem como no esclarecimento voltado a familiares de indivíduos com autismo. Foi nesse contexto que surgiu a necessidade de atualização e ampliação de *Autismo e educação* (2002).

Na edição de 2002, defendemos a articulação entre as áreas da psicologia e da educação para atuação e produção de conhecimento sobre TEA. Nesta nova edição, mantivemos esse compromisso e, aos moldes da edição anterior, convidamos colegas especialistas em suas respectivas áreas para discorrerem sobre os avanços em seus campos de atuação. Ainda que a ênfase esteja na educação de alunos com TEA e nos processos de inclusão, buscamos compreender essas práticas a partir do conhecimento produzido pela psicologia. Com isso, procuramos contribuir para a elucidação dos processos psicológicos que impactam na aprendizagem.

Um dos avanços mais marcantes relacionados ao TEA na atualidade é o reconhecimento de sua expressão em jovens e adultos. Especificamente em relação aos jovens, os desafios que enfrentam no ensino superior ainda são praticamente desconhecidos. Buscar compreender essas experiências, tanto do ponto de vista do aluno quanto das instituições de ensino, é urgente e fundamental.

Assim, para contemplar a educação escolar desde a educação infantil até o ensino superior, esta edição se divide em três partes. A primeira tem como principal objetivo apresentar os perfis cognitivos, comportamentais e de linguagem no TEA, servindo como base para uma melhor compreensão das demais partes do livro, que tratam, respectivamente, das práticas educacionais na escola e no ensino superior.

Na primeira parte, no Capítulo 1, Perfis de funcionamento cognitivo de pessoas com TEA e sua aplicação na educação, Luiz Renato Rodrigues Carreiro, Armando dos Santos Afonso Jr., Janaína Aparecida de Oliveira Augusto e Maria Cristina Triguero Veloz Teixeira descrevem a variabilidade do perfil cognitivo em pessoas com TEA e discutem seus impactos no processo educacional. Para isso, apresentam estudos de três habilidades que têm relação direta com o aprendizado e a interação social: atenção, funcionamento executivo e inteligência.

No Capítulo 2, Perfil da linguagem e da comunicação no TEA: implicações para a aprendizagem, Ícaro Araujo de Abreu, Gabriella Koltermann, Cleonice Alves Bosa e Jerusa Fumagalli de Salles abordam as dificuldades relacionadas ao desenvolvimento da linguagem e da comunicação no TEA, com ênfase nas dificuldades pragmáticas e suas implicações para o processo de aprendizagem. São discutidas tanto as dificuldades na área verbal quanto na área não verbal, bem como a forma como impactam na aprendizagem.

A segunda parte do livro trata de um dos temas centrais desta obra: a inclusão dos alunos com autismo na educação infantil ao ensino médio. No Capítulo 3, Práticas pedagógicas e TEA, que aborda as práticas pedagógicas voltadas aos alunos com autismo, Carlo Schmidt contextualiza brevemente as políticas públicas relacionadas ao TEA, destacando as *nuances* do processo de avaliação educacional e analisando algumas pesquisas recentes sobre práticas desenvolvidas no contexto escolar.

No Capítulo 4, Interação social e brincadeira na educação infantil: planejando a prática dos professores, as autoras Juliana dos Santos Martins, Renata Oliveira Crespo e Síglia Pimentel Höher Camargo discutem sobre como o brincar pode ser utilizado pelos professores como estratégia pedagógica na educação infantil para promover a interação social entre os pares. O brincar é abordado como uma ferramenta importante para o desenvolvimento de habilidades centrais no autismo, precedendo aquelas aprendizagens mais complexas esperadas nos anos seguintes.

Em seguida, no Capítulo 5, O plano educacional individualizado e o sistema de suporte multicamada na escolarização de alunos com TEA, Enicéia Gonçalves Mendes e Adriana Araújo Pereira Borges entrelaçam dois temas emergentes de alta relevância na educação inclusiva atual: o plano educacional individualizado e o sistema de suporte multicamada. É destacado como ambos, embora operem em níveis diferentes, compartilham o mesmo objetivo quanto ao suporte escolar para os alunos com TEA.

No Capítulo 6, Dificuldades leitoras e de linguagem no TEA: propostas de intervenção, Débora Regina de Paula Nunes e Elizabeth Walter exploram a relação entre linguagem e leitura desse alunado, para então apresentar duas práticas interventivas apoiadas por evidências empíricas que podem mitigar as dificuldades de leitura dessa população.

Fechando a segunda parte do livro, o Capítulo 7, Comunicação alternativa e TEA em sala de aula, aprofunda uma das estratégias mais importantes na inclusão educacional de alunos que têm dificuldades de comunicação, como o autismo: a comunicação alternativa. Cátia Crivelenti de Figueiredo Walter, a partir de suas pesquisas realizadas com Leila Regina d'Oliveira de Paula Nunes (*in memoriam*),* explica as dificuldades de linguagem em indivíduos com TEA não verbais, sem fala funcional, e apresenta intervenções com base na comunicação aumentativa e alternativa, considerando o período escolar e o processo de formação inicial e continuada de professores.

A terceira parte do livro dedica três capítulos exclusivamente ao autismo no ensino superior. No Capítulo 8, Inclusão de estudantes com TEA no ensino superior: desafios e práticas, Iuri Pizetta Moschen e Cleonice Alves Bosa abordam as principais dificuldades identificadas pelos estudantes com TEA no ensino superior. Eles apresentam três casos discutidos em um núcleo de inclusão e acessibilidade de uma universidade pública, como parte de um programa de formação continuada da equipe do núcleo. Os casos foram analisados identificando-se as características comportamentais que tendem a ser inerentes ao TEA, suas formas de expressão e dificuldades no contexto universitário. São discutidos também alguns dos principais conceitos teóricos que auxiliam na compreensão dessas dificuldades e embasam práticas educacionais mais eficazes.

No Capítulo 9, A trajetória de um aluno com TEA no ensino superior: relato de experiência, Ícaro Araujo de Abreu faz um relato marcante e esclarecedor sobre sua experiência como estudante autista no ensino superior. Ele descreve de que forma as características do TEA impactam sua vida pessoal e acadêmica. Ao apresentar sua trajetória de estudante de graduação e pós-graduação, ele fornece vários exemplos de situações desafiadoras nesse contexto, aborda a sobrecarga emocional que as acompanha e as estratégias, nem sempre bem-sucedidas, que desenvolveu para lidar com elas. Por fim, apresenta sugestões que podem facilitar a inclusão de estudantes com TEA no ensino superior.

A obra é concluída com o Capítulo 10, Inclusão de estudantes com TEA no ensino superior: a experiência do Núcleo de Inclusão e Acessibilidade da

* A Profa. Dra. Leila Nunes foi um dos expoentes da educação especial brasileira, tendo realizado inúmeras pesquisas sobre o tema. Assim, ao mencioná-la aqui, prestamos nossa homenagem a ela e agradecemos pelo seu legado.

UFRGS - Incluir, no qual Adriana Maria Arioli, Daisy Schneider e Elisângela Bica discorrem sobre sua experiência, como equipe, no atendimento a estudantes com TEA. Elas apresentam as políticas públicas no ensino superior e a trajetória de trabalho do Incluir, bem como seu papel e suas atribuições neste serviço. Ao abordar esses aspectos, a equipe reflete sobre suas conquistas e ressalta as barreiras que ainda persistem na inclusão desses alunos nas universidades.

**Carlo Schmidt**
**Cleonice Alves Bosa**
*Organizadores*

## REFERÊNCIAS

AMERICAN PSYCHIATRIC ASSOCIATION (APA). *Manual diagnóstico e estatístico de transtornos mentais*: DSM-5. Porto Alegre: Artmed, 2014.

BEN-SASSON, A. *et al.* Update of a meta-analysis of sensory symptoms in ASD: a new decade of research. *Journal of autism and developmental disorders*, v. 49, n. 12, p. 4974-4996, 2019.

BRASIL. Ministério da Educação. *Política nacional de educação especial na perspectiva da educação inclusiva*. Brasília: MEC, 2008. Disponível em: http://portal.mec.gov.br/arquivos/pdf/politicaeducespecial.pdf. Acesso em: 10 abr. 2025.

BRASIL. *Lei nº 12.764, de 27 de dezembro de 2012*. Institui a Política Nacional de Proteção dos Direitos da Pessoa com Transtorno do Espectro Autista e altera o § 3º do art. 98 da Lei nº 8.112, de 11 de dezembro de 1990. Brasília: Presidência da República, [2020]. Disponível em: https://www.planalto.gov.br/ccivil_03/_ato2011-2014/2012/lei/l12764.htm. Acesso em: 10 abr. 2025.

LORD, C. *et al.* Autism spectrum disorders. *Neuron*, v. 28, n. 2, p. 355-363, 2000.

MAENNER, M. J. *et al.* Prevalence of autism spectrum disorder among children aged 8 years: autism and developmental disabilities monitoring network, 11 sites, United States, 2020. *Morbidity and Mortality Weekly Report*, v. 72, n. 2, p. 1-12, 2023.

RIMLAND, B. *Infantile autism:* the syndrome and its implications for a neural theory of behavior. New York: Appleton-Century-Crofts, 1964.

# Sumário

## PARTE III Práticas educacionais no ensino superior

# PARTE I

# Compreendendo estudantes com TEA

# 1

# Perfis de funcionamento cognitivo de pessoas com TEA e sua aplicação na educação

Luiz Renato Rodrigues Carreiro
Armando dos Santos Afonso Jr.
Janaína Aparecida de Oliveira Augusto
Maria Cristina Triguero Veloz Teixeira

O transtorno do espectro autista (TEA) caracteriza-se por déficits persistentes na comunicação e na interação social, bem como por padrões restritos e repetitivos de comportamento, interesses ou atividades (APA, 2023). Conforme descrito pelo *Manual diagnóstico e estatístico de transtornos mentais*, 5ª edição, texto revisado (DSM-5-TR), os transtornos do neurodesenvolvimento, nos quais o TEA está inserido, caracterizam-se por déficits no desenvolvimento ou diferenças nos processos cerebrais, acarretando prejuízos no funcionamento pessoal, social, acadêmico ou profissional.

Essas diferenças nos processos cerebrais estão associadas a especificidades no funcionamento cognitivo de pessoas com TEA e devem ser registradas por meio de especificadores, extremamente úteis para a individualização do diagnóstico e para a descrição mais acurada das habilidades cognitivas – tanto as comprometidas ou prejudicadas quanto as preservadas – das pessoas com essa condição clínica. Dentro do campo do funcionamento cognitivo, abordagens dimensionais também devem ser utilizadas para compreender de que forma as variações nas diferentes habilidades afetam o modo como a pessoa com TEA percebe, processa, integra e seleciona respostas para os estímulos do ambiente. Essa variabilidade impacta nas interações sociais e no aprendizado, campos fundamentais dentro do contexto escolar, em distintas fases do desenvolvimento.

Este capítulo tem por objetivo descrever a variabilidade do perfil cognitivo em pessoas com TEA e discutir seus impactos no processo educacional. Para isso, são apresentados estudos de três habilidades que têm relação direta com o aprendizado e a interação social: inteligência, atenção e funcionamento executivo.

As habilidades intelectuais (*inteligência*) podem ser descritas como a capacidade geral de uma pessoa para compreender e lidar com informações, resolver problemas, adaptar-se a novas situações e aprender com experiências passadas (Sternberg, 2012). A inteligência envolve uma combinação de habilidades cognitivas, emocionais e sociais que permitem que uma pessoa atue de forma eficaz em diferentes contextos, sendo desse modo conceituada como um constructo multidimensional e muitas vezes sobreposto ou dependente de outros, como o funcionamento executivo, a atenção ou a memória (Sternberg, 2012).

Já a *atenção*, como habilidade cognitiva, refere-se aos processos de seleção de informações do ambiente e de nosso pensamento que terão prioridade de processamento pelo sistema nervoso (Krauzlis *et al.*, 2021). Esse processo de seleção pode ser guiado de forma voluntária ou automática, de modo que informações relevantes não sejam perdidas. Assim, a atenção nos permite focar e priorizar informações relevantes enquanto consideramos sinais novos e concorrentes para avaliar sua importância, ajudando na organização do fluxo de informação pelo sistema nervoso (Narhi-Martinez; Dube; Golomb, 2022).

O *funcionamento executivo*, por sua vez, refere-se a um conjunto de habilidades essenciais para planejamento, organização, tomada de decisões, autocontrole e resolução de problemas (Salehinejad *et al.*, 2021). Elas permitem a execução de tarefas complexas de forma eficiente e eficaz, especialmente quando exigem a supressão de respostas automáticas, a adaptação a novas situações ou a manutenção de informações na memória de trabalho.

Dentro da perspectiva da neuropsicologia cognitiva, que é a orientação teórica que subsidia as proposições e discussões deste capítulo, há formas de organização estrutural e de funcionamento cerebral que permitem o surgimento de cada uma dessas habilidades ao longo do desenvolvimento, o qual é influenciado por determinantes biológicos, genéticos e ambientais que podem promovê-lo ou prejudicá-lo. Ao pensarmos no desenvolvimento cognitivo de pessoas com TEA, devemos considerar esses determinantes, levando em conta que a escola é uma estrutura organizada fundamental para a promoção do aprendizado formal de seus alunos, integrado ao seu desenvolvimento cognitivo e social (Keen; Webster; Ridley, 2016). Alunos com TEA podem ter diferentes níveis de habilidades cognitivas preservadas e comprometidas, e é nesse contexto que a escola deve atuar. Ao conhecer, dentro do ambiente escolar, modos de acessar recursos cognitivos preservados ou reconhecer outros que precisam ser desenvolvidos, a escola pode promover efetivamente a melhoria do aprendizado e a redução dos prejuízos dessas crianças.

Diferentes estudos apresentados na literatura descrevem os perfis de funcionamento cognitivo em crianças, adolescentes e adultos com TEA e as experiências de promoção dessas habilidades (Brignell *et al.*, 2018; Marinopoulou *et al.*, 2024). O presente capítulo, então, está centrado na apresentação e na discussão de um grupo de artigos relevantes sobre esse tema, trazendo experiências que fomentem a reflexão dos professores e de toda a equipe educacional para a promoção de políticas educacionais de cuidados dirigidas a essas pessoas.

Pessoas com TEA podem enfrentar diferentes desafios acadêmicos, dependendo das capacidades e dificuldades cognitivas que apresentam. De modo geral, as demandas típicas da escola – e mesmo da universidade – tendem a ser desafiadoras para os indivíduos com TEA, por conta da dificuldade em perceber pistas sociais, entender a intenção de seus colegas e se comunicar efetivamente (Gurbuz; Hanley; Riby, 2019). Além disso, alunos com TEA podem sofrer falta de compreensão por parte de seus colegas, estigmatização e práticas discriminatórias, o que os desencoraja a buscar ajuda (Vincent *et al.*, 2017). No entanto, há outras evidências de capacidades que podem ser importantes para crianças e adolescentes com TEA em contextos escolares, como ser sincero, justo e estar disposto a ouvir outras pessoas (Van Hees; Moyson; Roeyers, 2015). Adicionalmente, ambientes acadêmicos são positivos no sentido de oferecer oportunidades para o desenvolvimento de habilidades pessoais em indivíduos com TEA (Vincent *et al.*, 2017). Portanto, com o direcionamento apropriado, essas pessoas podem conseguir utilizar suas capacidades e motivações para minimizar as possíveis dificuldades que venham a surgir por conta das características do transtorno.

Apesar das oportunidades que o ambiente escolar de educação básica pode proporcionar a crianças com TEA (Genovesi *et al.*, 2022), no ensino superior, estudantes universitários com autismo têm maior probabilidade de repetir disciplinas e abandonar os cursos de graduação (White; Ollendick; Bray, 2011). A rotina universitária pode tornar-se aversiva para muitas pessoas com TEA porque costuma exigir interações sociais e o desenvolvimento de relacionamentos para a realização de atividades básicas. Além disso, a estrutura do ambiente universitário, incluindo salas de aula, corredores, dormitórios e refeitórios, costuma envolver locais muito claros, barulhentos e repletos de pessoas. Há mudanças constantes nas rotinas, e os horários podem mudar completamente de um dia para o outro, o que pode gerar sofrimento para quem tem adesão a rotinas mais fixas. Com tudo isso, muitas vezes os alunos com TEA sentem-se isolados durante a época universitária, o que limita suas interações com outros alunos (Anderson; Stephenson; Carter, 2020) e afeta seu desempenho acadêmico (Gurbuz; Hanley; Riby, 2019).

A escolha de carreira também tende a ter relação com os sintomas de TEA, de tal modo que pessoas com o transtorno são propensas a escolher áreas relacionadas com tecnologias da informação e computação, evitando cursos que dependem de maior interação social (Wehman *et al.*, 2014). O sucesso acadêmico de pessoas com autismo está associado com a gravidade de seus sintomas e as habilidades acadêmicas de cada indivíduo (Estes *et al.*, 2011). Nesse contexto, deve-se considerar o desenvolvimento de repertórios educacionais e de interações sociais desenvolvidas nos anos escolares anteriores, incluindo ensino fundamental e médio, para garantir a essas pessoas mais habilidades para lidar com os desafios do ensino universitário.

A fase adulta, incluindo a época universitária, também apresenta dificuldades adicionais de socialização para pessoas com TEA, que demonstram menos habilidades e confiança social. Enquanto laços sociais podem surgir mais facilmente na adolescência, em decorrência de atividades estruturais que proveem a oportunidade para interação social (p. ex., aulas, esportes, cursos), a socialização na fase adulta é mais automotivada e autoestruturada. Muitos alunos com TEA que cursam o ensino superior demonstram desejo de ter amigos e se socializar (Cullen, 2015), porém isso pode ser um desafio sem o devido suporte. Como consequência, adultos com TEA em geral não contam com amizades como forma de apoio (Wehman *et al.*, 2014). Além disso, jovens adultos que estão em época de ingressar no mercado de trabalho ou no ensino superior relatam um baixo nível de autonomia (Wehman *et al.*, 2014), fato que pode interferir na construção de uma vida independente dos cuidadores e nas capacidades de tomar decisões próprias, habilidades estas necessárias na idade adulta. Jovens adultos com TEA ainda apresentam um alto grau de dependência de suas famílias em termos de necessidades básicas, suporte financeiro e companhia (Wehman *et al.*, 2014).

## HABILIDADES INTELECTUAIS

### Definição de inteligência

Inteligência pode ser definida como a capacidade de compreender e raciocinar de forma lógica, resolver problemas, aprender, adaptar-se a novas situações e utilizar conhecimentos adquiridos para tomar decisões e solucionar desafios (Sternberg, 2012). A inteligência pode ser medida por testes, mas é influenciada por fatores genéticos e ambientais.

### Habilidades intelectuais no TEA

A variabilidade no perfil cognitivo pode ter influência na identificação precoce do TEA: evidências têm indicado que crianças com nível intelectual dentro da média e sintomas leves tendem a ser diagnosticadas em idade mais avançada (> 8 anos). A demora no diagnóstico impacta no acesso às intervenções de saúde e educacionais, além de favorecer o agravamento de sintomas e o surgimento de problemas comportamentais e emocionais.

Observa-se no TEA uma variabilidade nos níveis de inteligência, sendo que alguns indivíduos apresentam quociente de inteligência (QI) acima da média (QI > 115), enquanto outros, abaixo da média (QI < 70).

A variabilidade do perfil cognitivo pode influenciar na identificação precoce do TEA. Evidências têm indicado que crianças com nível intelectual dentro da média e sintomas leves tendem a ser diagnosticadas em idade mais avançada (> 8 anos). A demora no diagnóstico impacta no acesso às intervenções de saúde e educacionais, além de favorecer o agravamento de sintomas, o surgimento de problemas comportamentais e emocionais.

A compreensão do funcionamento intelectual no TEA é fundamental para o planejamento e a implementação de intervenções baseadas em evidências científicas, para a tomada de decisões acerca de adaptações curriculares escolares, além de influenciar no prognóstico. Fatores genéticos, ambientais e a heterogeneidade do TEA, além dos instrumentos usados para mensurar a inteligência, podem contribuir para essa alta variabilidade nas habilidades intelectuais.

Alguns estudos têm indicado discrepância no desempenho de crianças com TEA entre a inteligência verbal ou cristalizada (QI verbal) e a inteligência não verbal ou fluida (QI não verbal) (Johnson *et al.*, 2021; Al-Mamari *et al.*, 2021), sendo que crianças com TEA apresentam melhor desempenho em tarefas que envolvem habilidades não verbais de inteligência quando comparadas às tarefas de QI verbal. A associação entre perfis cognitivos e sintomas de TEA sugere que a variabilidade nos níveis intelectuais está diretamente relacionada à gravidade do transtorno, sobretudo aos sintomas relacionados à comunicação social (Ankenamn *et al.*, 2014).

Estudos envolvendo crianças com TEA mostraram que aquelas com QI não verbal maior que o QI verbal tiveram mais prejuízos nas habilidades sociais e de comunicação quando comparadas aos indivíduos sem discrepância de QI ou com QI verbal maior que o não verbal (Ankenamn *et al.*, 2014). Ademais, correlações entre o nível de inteligência e comportamentos repetitivos restritos, desafiadores e heterolesivos (p. ex., agressão dirigida ao outro, como beliscar, bater, empurrar) foram descritas nos estudos de Bishop, Richler e Lord (2006) e Matson e Shoemaker (2009).

Cerca de 30 a 40% dos indivíduos com TEA apresentam deficiência intelectual, o que pode acarretar impactos significativos na aprendizagem, no funcionamento adaptativo e no comportamento (APA, 2023). A comorbidade entre TEA e deficiência intelectual aumenta o risco de chance de ocorrência de sintomas de hiperatividade, problemas comportamentais e emocionais, havendo evidências de que crianças com TEA e deficiência intelectual, quando comparadas com crianças com desenvolvimento típico, apresentam mais queixas de comportamentos externalizantes e explosões emocionais (p. ex., birras, mudanças de humor, comportamento agressivo, etc.) (Johnson *et al.*, 2021; Al-Mamari *et al.*, 2021; Chung; Mevorach; Woodcock, 2022; Chung *et al.*, 2023).

Discrepâncias entre o nível intelectual e o funcionamento adaptativo são descritas no TEA, particularmente entre indivíduos com inteligência na média ou superior. Os estudos têm demonstrado que, apesar do funcionamento cognitivo preservado nesse grupo, eles podem apresentar prejuízos importantes relacionados a independência, tomadas de decisão, interpretações de pistas sociais, etc. Essa disparidade pode ter impactos importantes na transição para a vida adulta. Kraper *et al.* (2017) identificaram em seu estudo prejuízos no funcionamento adaptativo social em adultos com TEA e QI na média, déficits estes que foram associados com sinais de ansiedade e depressão na amostra pesquisada.

## Habilidades intelectuais e aprendizagem no TEA

O processo de aprendizagem requer o funcionamento adequado das habilidades cognitivas (atenção, função executiva, memória, linguagem, percepção e inteligência); contudo, pessoas com TEA com frequência apresentam déficits significativos nessas áreas, os quais podem acarretar prejuízos na aprendizagem.

Especificamente em relação à inteligência, estudos têm descrito uma variabilidade no desempenho em leitura e escrita em crianças autistas com QI dentro ou acima da média (Mayes; Calhoun, 2007; Keen; Webster; Ridley, 2016). Em aritmética, Jones *et al.* (2009) identificaram associações positivas entre o QI e o desempenho na matemática básica. Estudantes com TEA e inteligência dentro da média podem ter discrepâncias no desempenho acadêmico, apresentando facilidades em determinadas competências acadêmicas (p. ex., matemática) e baixo rendimento em outras (p. ex., escrita) (Miller *et al.*, 2017).

Por outro lado, crianças com TEA com inteligência abaixo da média (QI < 80) podem apresentar desempenho em matemática e em escrita compatíveis ao seu QI; no entanto, o desempenho em leitura pode ser significativamente mais baixo do que o esperado para o seu QI (Miller *et al.*, 2017). Ademais, crianças com escores mais altos em inteligência não verbal tendem a permanecer mais tempo em sala de aula do que aquelas com QI abaixo da média em inteligência não verbal (Campos; Fernandes, 2016).

Contudo, comorbidades com deficiência intelectual, transtorno específico de aprendizagem e transtorno de déficit de atenção/hiperatividade podem contribuir para prejuízos e dificuldades na aquisição de leitura, escrita (ver Capítulos 2 - Perfil da linguagem e da comunicação no TEA: implicações para a aprendizagem, e 6 - Dificuldades leitoras e de linguagem no TEA: propostas de intervenção) e matemática, tornando o processo de aprendizagem desafiador e complexo para alunos com TEA.

No Brasil, independentemente do nível intelectual, pessoas com TEA têm direito a receberem atendimento educacional especializado (AEE), modalidade de serviço educacional que visa promover a inclusão e o desenvolvimento acadêmico de estudantes com deficiências ou necessidades educacionais especializadas (ver mais no Capítulo 3 - Práticas pedagógicas e TEA). A Lei nº 6.571/2008 orienta que ele seja oferecido de forma complementar ao ensino regular, além de envolver diversas estratégias e recursos para atender às necessidades individuais de cada aluno (Brasil, 2009).

Estratégias baseadas na análise do comportamento aplicada (ABA, do inglês *applied behavior analysis*) e programas como o *Tratamento e Educação para Autistas e Crianças com Déficits Relacionados à Comunicação* (TEACCH) têm oportunizado melhorias em comunicação social, habilidades cognitivas e aprendizagem (Boyd *et al.*, 2014). No entanto, a transição de estudantes com TEA para o ensino superior pode ser um desafio devido às mudanças no ambiente, na estrutura das aulas e na exigência de autonomia e organização que a vida universitária requer.

Universitários com autismo e inteligência dentro da média relatam dificuldades ligadas à socialização e à comunicação, problemas para fazer amizades e realizar trabalhos em grupo, além de participação reduzida em atividades sociais inerentes da vida acadêmica. (Goddard; Cook, 2022).

Do ponto de vista pedagógico, universitários com TEA podem ter necessidade de adaptações, tais como tempo adicional para realizar provas, aplicação de provas e atividades adaptativas, uso de recursos de tecnologia assistiva ou de comunicação alternativa, sendo que a ausência da implementação dessas estratégias pode contribuir para a evasão universitária desse público (Olivati; Leite, 2017).

Nesse sentido, é necessário que haja diálogo entre os profissionais envolvidos na intervenção do indivíduo com TEA (psicólogo, fonoaudiólogo, psicopedagogo e terapeuta ocupacional), escola e família, para o desenvolvimento e planejamento do plano educacional individualizado (PEI), além de estabelecer estratégias que visam oportunizar o pleno desenvolvimento acadêmico e social do aluno.

## ATENÇÃO

### Definição de atenção

Atenção pode ser definida como o conjunto de processos cerebrais que levam à seleção adaptativa e eficaz de estímulos e informações do ambiente

(Krauzlis *et al.*, 2021); nesse sentido, ela é uma habilidade fundamental para captarmos e processarmos eficientemente informações do ambiente que são necessárias para escolhas de estratégias de respostas a esses estímulos.

## Tipos e habilidades atencionais

A atenção – enquanto habilidade cognitiva – é um constructo complexo, com diferentes subcomponentes que nos permitem lidar com uma ampla variedade de estímulos do meio interior (tanto as sensações do nosso organismo quanto pensamentos e memórias) e exterior (tudo aquilo que se apresenta ao organismo e que se encontra externo a ele). De acordo com Narhi-Martinez, Dube e Golomb (2022), o papel fundamental da atenção é pesar e equilibrar dinamicamente todos os sinais, gerados tanto externamente quanto internamente, de forma que os mais ponderados sejam selecionados e aprimorados. Fatores de cima para baixo (*top-down*), muitas vezes associados a fatores voluntários, fatores de baixo para cima (*bottom-up*), frequentemente relacionados ao controle automático, e fatores impulsionados pela experiência impactam dinamicamente esse equilíbrio, e a competição ocorre tanto dentro quanto entre vários níveis de processamento (Narhi-Martinez; Dube; Golomb, 2022). Essa ideia de um sistema multinível de pesos e contrapesos visa incorporar tanto a atenção exógena quanto a endógena em um sistema que processa de modo eficaz a grande quantidade de estímulos que constantemente atingem os organismos e interagem com ele.

No que diz respeito às classificações mais frequentes na literatura em relação ao direcionamento da atenção, encontram-se diferenciações sobre *habilidades espaciais* (i.e., direcionar a atenção para quadrantes do espaço visual, como direita e esquerda, acima ou abaixo) e *temporais* (i.e., para momentos específicos no tempo), bem como sobre *habilidades voluntárias* (quando o direcionamento é feito intencionalmente) e *automáticas* (quando a atenção é dirigida para algo inesperado, por sua ocorrência abrupta) (Mariani *et al.*, 2021; Carreiro; Teixeira, 2012). Desse modo, sob a óptica da neuropsicologia, é possível considerar a atenção enquanto um mecanismo cerebral que possibilita o processamento de informações e pensamentos relevantes, ao mesmo tempo que ignora outros, considerados irrelevantes e dispersivos, ajudando o indivíduo a dar respostas comportamentais mais adaptativas no seu contexto de vida (Mariani *et al.*, 2021; Carreiro; Teixeira, 2012).

## Perfil atencional no TEA

A atenção desempenha um papel crucial ao permitir a interação do indivíduo com seu ambiente e facilita a organização dos processos mentais, que ocorrem por meio de um mecanismo de organização e filtragem mediante um processo de seleção baseada em diferentes aspectos do estímulo e das condições de apresentação das contingências ambientais (Carreiro; Teixeira, 2012). Alterações nesse processo de seleção de informações estão frequentemente associadas a prejuízos na seleção, ordenação e interação do organismo com o ambiente no qual ele está inserido (Silva *et al.*, 2022). No caso do TEA, algumas alterações são descritas na literatura.

Martos-Pérez (2008), ao descrever dados da literatura sobre esse tema, explica que pessoas com TEA podem apresentar dificuldades específicas para lidar com a transição de um tipo de estímulo para outro e, especialmente, para se "desprender" de um foco de atenção, de modo que podem ser observados prejuízos em tarefas que implicam uma mudança atencional. Nessa mesma direção, pessoas com TEA podem se mostrar mais lentas e menos precisas quando têm de mudar rapidamente a atenção entre modalidades sensoriais. Tal peculiaridade – essa dificuldade em se desprender – pode explicar uma atenção "hiperfocalizada", razão pela qual as pessoas com esse transtorno podem permanecer centradas em alguns estímulos por mais tempo do que o observado em pessoas sem TEA. Além disso, pode ser percebida uma maior concentração em detalhes – por vezes pequenos ou irrelevantes – do ambiente durante um tempo significativo (Martos-Pérez, 2008).

Por outro lado, ao estudar pessoas com TEA de alto funcionamento, Goldstein, Johnson e Minshew (2001) verificaram diferenças em tarefas que exigiam flexibilidade cognitiva ou velocidade psicomotora. Assim, os déficits de atenção no TEA podem ser déficits primários em tomada de decisão complexa (habilidades executivas e monitoramento de informações novas) ou habilidades psicomotoras, sobretudo quando as habilidades intelectuais estão preservadas.

Além das habilidades atencionais clássicas, habilidades de iniciação e respostas à atenção compartilhada têm sido amplamente estudadas no TEA. Essas habilidades envolvem uma tendência a iniciar e responder de maneira espontânea o comportamento de coordenação social da atenção e implica processos executivos e de motivação social que colaboram para a manutenção da interação social (Martos-Pérez, 2008). Também no que se refere à relação entre atenção compartilhada e desenvolvimento de habilidades atencionais gerais, Franchini *et al.* (2019) fizeram uma revisão sistemática sobre a atenção compartilhada no TEA e sua relação com atenção visual, desde as fases iniciais do desenvolvimento, em que discutem as implicações desses achados para intervenção. Segundo eles, o desenvolvimento precoce da iniciação da atenção compartilhada tem sido relacionado a mecanismos específicos de atenção visual, como orientação social e desengajamento visual, de modo que prejuízos nesses dois tipos de atenção estariam relacionados e se expressariam em diferentes momentos do desenvolvimento com prejuízos na interação com pares. Por conta disso, tais autores reforçam a necessidade de intervenções precoces para promover habilidades de atenção compartilhada e favorecer interações ambientais satisfatórias ao longo da vida.

## FUNÇÕES EXECUTIVAS

### Definição de funções executivas

As funções executivas são entendidas como um conjunto de processos cognitivos de alta ordem essenciais para a autorregulação do comportamento e a realização de comportamentos voltados a metas (Hofmann; Schmeichel; Baddeley, 2012). São funções complexas, importantes para a realização de ações mais elaboradas e planejadas, e associadas com estruturas cerebrais filogeneticamente mais evoluídas (Miller; Cohen, 2001). Apesar disso, uma série de sistemas neurocognitivos são necessários para o funcionamento executivo adequado, uma vez que ele depende do processamento de informações de diferentes modalidades sensoriais, execução de resposta, processos mnemônicos e avaliações emocionais (Salehinejad *et al.*, 2021). Dessa forma, as funções executivas são críticas no desenvolvimento, para que a criança aprenda a regular pensamentos, emoções e comportamentos, e proporcionam um repertório comportamental flexível, saúde mental e física e desenvolvimento cognitivo, psicológico e social (Diamond, 2013). De modo complementar, déficits nas funções executivas costumam acarretar prejuízos acadêmicos e adaptativos, além de serem associados com uma série de transtornos, incluindo o TEA (St. John; Dawson; Estes, 2018).

## Componentes das funções executivas

As funções executivas constituem processos metacognitivos de monitoramento e controle sobre funções cognitivas mais simples. Apesar desse caráter de alta ordem, elas são frequentemente divididas em alguns componentes mais básicos (Salehinejad *et al.*, 2021). As funções executivas podem ser classificadas como funções executivas *quentes* (i.e., que têm relação mais forte com processos emocionais e incluem o processamento de informações emocionais, de recompensas e motivacionais) e funções executivas *frias* (i.e., que incluem aspectos puramente cognitivos do processamento de informações, como manipulação de números ou letras) (Salehinejad *et al.*, 2021).

Entre as funções executivas frias, destacam-se com frequência a memória operacional (i.e., a capacidade de manipular mentalmente informações de acordo com um objetivo), a inibição de respostas, o controle atencional e a flexibilidade cognitiva. Já entre as funções executivas quentes, salientam-se a regulação da emoção, o processamento de recompensas, as tomadas de decisão afetiva e a cognição social (Salehinejad *et al.*, 2021). Esses componentes contribuem para a realização de comportamentos deliberados e controlados, direcionados ao cumprimento de objetivos, e podem estar individualmente prejudicados em cada pessoa.

## Perfil de funcionamento executivo no TEA

Pessoas diagnosticadas com TEA costumam apresentar déficits nas funções executivas (Dijkhuis, 2020). Alterações nessas funções interagem com outras características do TEA, incluindo menor empatia cognitiva (teoria da mente), alterações na cognição social e comportamentos repetitivos e restritivos, tendo o potencial de aumentar as dificuldades adaptativas que essas pessoas enfrentam. Estudos de neuroimagem realizados em pessoas com TEA apontam para anormalidades em sistemas neurobiológicos que subjazem às funções executivas, incluindo alterações na estrutura e conexão de regiões corticais envolvidas com essas habilidades (Flegenheimer; Scherf, 2022).

Alguns pesquisadores chegam a considerar a cognição social como parte das funções executivas quentes, envolvendo comportamentos voltados a metas que incluem habilidades como reconhecimento de emoções, empatia cognitiva e coerência central (processamento local/global de estímulos)

(Baez; Ibanez, 2014). Considerados dessa forma, os déficits nas funções executivas seriam parte essencial do diagnóstico de TEA. Por outro lado, se a cognição social for vista como uma habilidade à parte do funcionamento executivo, nem todas as pessoas com TEA têm déficits concomitantes nas funções executivas, uma vez que essa não é uma característica central do transtorno (Friedman; Sterling, 2019). Portanto, no que se refere a capacidades relacionadas às funções executivas no TEA, é preciso lembrar que possíveis diferenças individuais devem ser levadas em conta, uma vez que muitas pessoas podem não apresentar disfunções executivas detectáveis ou podem apresentar uma combinação distinta de habilidades preservadas e deficitárias (Zimmerman, 2016).

Mesmo déficits em funções executivas frias podem contribuir para os sintomas de TEA. Habilidades como a memória operacional e a inibição de respostas são importantes para processos sociais, incluindo reconhecimento de emoções e inferências a partir de contextos sociais (Zimmerman, 2016). É igualmente importante considerar que, apesar de algumas pessoas com TEA também apresentarem deficiência intelectual, os prejuízos em funções executivas podem estar presentes mesmo em casos de capacidade intelectual preservada (Wallace *et al.*, 2016).

Déficits nas funções executivas podem ser identificados ao longo de todo o desenvolvimento das pessoas com TEA. Na infância, é possível identificar prejuízos em funções executivas frias, como memória operacional, flexibilidade cognitiva e inibição de respostas (Blair, 2016). Esses prejuízos, em especial na flexibilidade cognitiva, que envolve a capacidade de flexibilizar o comportamento e ajustá-lo frente a mudanças na demanda, são associados aos comportamentos inflexíveis, à rigidez cognitiva e a dificuldades com mudanças, que são frequentemente vistos no transtorno (Leung; Zakzanis, 2014). Crianças com TEA costumam demonstrar fixação por certos tópicos ou atividades, o que ilustra essa dificuldade em flexibilizar o comportamento (Gioia *et al.*, 2000).

Já na idade adulta, déficits na flexibilidade cognitiva, geração de respostas e memória operacional espacial são os relatos mais comuns (Wallace *et al.*, 2016), acompanhados por prejuízos em funções executivas quentes (p. ex., reconhecimento emocional, empatia cognitiva) (Zimmerman, 2016). Apesar disso, os adultos com TEA tendem a apresentar menos déficits executivos do que as crianças, o que supostamente ocorre por causa do amadurecimento do sistema nervoso ou pelo uso de estratégias compensatórias desenvolvidas ao longo dos anos por quem vive com essas dificuldades (Demetriou *et al.*, 2018).

## Impactos acadêmicos das disfunções executivas no TEA

Mesmo os indivíduos com TEA que conseguem lidar com as demandas intelectuais podem encontrar percalços para o sucesso acadêmico provindos de disfunções executivas (Alverson; Lindstrom; Hirano, 2019). Na escola, o desempenho acadêmico e o comportamento adaptativo de crianças com TEA é impactado por prejuízos em habilidades como controle inibitório, memória operacional e tomada de decisões afetivas (Kouklari; Tsermentseli; Monks, 2018). Durante a época escolar, déficits nas funções executivas parecem ser piores em crianças mais velhas (Tschida; Yerys, 2022). A escola, porém, ainda oferece o contexto previsível que é importante para o funcionamento acadêmico no TEA (Alverson; Lindstrom; Hirano, 2019).

Por outro lado, o ambiente universitário representa um grande desafio para pessoas com TEA que apresentam déficits em funções executivas. O ensino superior exige maior capacidade de autorregulação para independência e autodeterminação do que a época escolar (Dijkhuis, 2020). Por exemplo, alunos do ensino superior precisam administrar seu tempo de maneira eficiente, acompanhar prazos, organizar anotações e matérias e lidar com mudanças frequentes no calendário acadêmico. Na faculdade, os horários das aulas tendem a variar diariamente e os prazos das tarefas acadêmicas acabam por se sobrepor eventualmente (Flegenheimer; Scherf, 2022). E é justamente nesses aspectos de planejamento, organização e administração de tempo – todos relacionados ao funcionamento executivo – que os alunos com autismo que cursam o ensino superior tendem a apresentar dificuldades (Wolf; Brown; Bork, 2009). Isso também está relacionado a um novo estilo de vida que exige dos jovens universitários maior autonomia para manter a saúde, higiene do sono e outros cuidados diários, como preparar as refeições e cuidar da casa, frequentemente em ambientes compartilhados, o que requer a manutenção de relações sociais. Alunos com TEA podem se sentir sobrecarregados e até adoecer fisicamente por conta das demandas universitárias (Anderson; Carter; Stephenson, 2018).

Adultos com autismo que apresentam déficits marcados nas funções executivas apresentam maior probabilidade de pior desempenho acadêmico do que adultos com autismo sem prejuízos executivos (Shmulsky *et al.*, 2017), o que demonstra a importância dessas habilidades para a aprendizagem, mesmo em adultos. Estudos revelam que o grau de desenvolvimento de capacidades em áreas como o planejamento e a organização, assim como o desempenho em tarefas que exigem flexibilidade cognitiva e memória operacional, são indicativos do percurso acadêmico em jovens adultos com TEA (Dijkhuis, 2020). O controle atencional também parece ser uma habilidade essencial para que adultos com TEA apresentem desempenho tão bom quanto alunos neurotípicos (Flegenheimer; Scherf, 2022). Somado a isso, alunos com TEA que apresentam pior funcionamento executivo e têm dificuldades em organizar suas atividades e gerenciar seu tempo de maneira eficaz podem inclusive ser expulsos de cursos superiores (Alverson; Lindstrom; Hirano, 2019).

## Impactos acadêmicos das variações no perfil cognitivo de alunos com TEA

As variações no perfil cognitivo de alunos com TEA exercem influências significativas no desempenho escolar. Por exemplo, alguns indivíduos podem apresentar dificuldade em manter a atenção, seguir instruções, participar de atividades em grupo e autorregular as emoções, enquanto outros podem apresentar facilidades em áreas que envolvem raciocínio lógico, habilidades matemáticas e memória visual.

Diante disso, as variações observadas têm implicações no processo de aquisição, por exemplo, da leitura e da escrita, havendo relatos de alunos com TEA com dificuldades na decodificação e compreensão de textos. Variabilidade semelhante também é descrita em relação à qualidade do repertório verbal dessa população, sendo que alguns indivíduos podem apresentar vocabulário diversificado e acima do esperado para a faixa etária, enquanto cerca de 30% das pessoas com TEA são não verbais (Miller *et al.*, 2017). Na matemática, os prejuízos em linguagem, funções executivas e inteligência podem impactar em tarefas que requerem raciocínio matemático, processamento inferencial e resolução de problemas (Troyb *et al.*, 2014).

Apesar da influência do perfil cognitivo no desempenho escolar, estudos têm descrito que diferenças nos prejuízos na comunicação social e em habilidades sociais no TEA também exercem um papel importante no desempenho acadêmico. Miller *et al.* (2017) identificaram, em seus estudos, uma associação entre o funcionamento social e de comunicação em crianças com TEA e déficits de compreensão na leitura.

Para lidar com tais variações, é importante que os professores implementem estratégias individualizadas que levem em consideração as necessidades específicas de cada aluno. O planejamento dessas estratégias deve ser realizado junto aos profissionais da saúde responsáveis pelas intervenções e à família do estudante. Recursos visuais, material concreto, rotinas estruturadas e suporte emocional são algumas das estratégias usadas que podem ser eficazes para promover o aprendizado e o desenvolvimento de modo geral.

## Transição de cuidados para pessoas com TEA da infância para a vida adulta e seu impacto na educação

A transição de cuidados é um tema relevante para os transtornos do neurodesenvolvimento dentro do campo da saúde. Ela é entendida como a mudança do atendimento médico pediátrico para o atendimento centrado no adulto, garantindo a continuidade e a qualidade do cuidado durante esse processo. A transição bem-sucedida deve garantir que as crianças com TEA recebam cuidados contínuos e apropriados ao longo de suas vidas, promovendo seu bem-estar e qualidade de vida (Sharma *et al.*, 2014).

Já no campo da educação, a transição de cuidados do ensino fundamental para o médio e deste para o superior é um tema que merece muita atenção. O cuidado que os sistemas educacionais devem ter com as pessoas com TEA deve perpassar todos os níveis educacionais. Tendo em vista que uma parcela importante de pessoas com TEA tem funcionamento intelectual preservado e, em alguns casos, até acima da média, sua chegada a níveis de desenvolvimento educacionais mais elevados é um fato que demandaria o mesmo cuidado muitas vezes oferecido apenas na educação básica.

A transição do ensino médio para o ensino superior é um momento sensível para pessoas com autismo, período no qual uma transição planejada, acomodações apropriadas e suporte são de extrema importância (Wehman *et al.*, 2014). Treinamentos específicos que foquem no desenvolvimento de habilidades funcionais, independência e autodeterminação são indicados para ajudar indivíduos com TEA a se tornarem mais independentes no planejamento de seu futuro (Shogren; Plotner, 2012).

Com relação às dificuldades que surgem por conta de déficits nas funções executivas, intervenções que envolvam o desenvolvimento de habilidades como a administração eficiente de tempo já se provaram capazes de aumentar a taxa de retenção de alunos com TEA no ensino superior (Flegenheimer; Scherf, 2022).

## CONSIDERAÇÕES FINAIS

Os múltiplos perfis cognitivos observados no TEA têm implicações importantes no contexto acadêmico, visto que prejuízos em funções executivas, atenção e inteligência podem contribuir para o surgimento de problemas de aprendizagem e comportamento. Pelo fato de apresentarem interesses específicos e padrões de comportamentos repetitivos, alunos com TEA podem manifestar dificuldades em mudanças na rotina e em seguir instruções que não se enquadram em seus interesses, fato que torna o processo de aprendizagem e inclusão escolar desafiador e complexo.

Para amenizar os déficits inerentes ao TEA, é necessário que professores e profissionais da saúde desenvolvam estratégias baseadas em evidências para atender às necessidades específicas dos alunos com essa condição. Ressalta-se que intervenções precoces podem auxiliar a maximizar o potencial de cada indivíduo e promover um melhor desempenho escolar ao longo da vida.

A transição para o ensino superior pode representar um momento desafiador para estudantes com TEA, devido às mudanças na rotina, exigências de autonomia e organização, necessidade de interação social, etc. Diante disso, é fundamental o acompanhamento profissional e institucional desse aluno para garantir uma transição bem-sucedida para o ensino superior. Informações específicas sobre o impacto do TEA no ensino superior, a partir das perspectivas de um estudante e de um núcleo de acessibilidade de uma universidade pública, podem ser encontradas nos Capítulos 8 a 10.

## REFERÊNCIAS

AL-MAMARI, W. *et al.* Intellectual profile of children with autism spectrum disorder: identification of verbal and nonverbal subscales predicting intelligence quotient. *Sultan Qaboos University Medical Journal,* v. 21, n. 3, p. 386-393, 2021.

ALVERSON, C. Y.; LINDSTROM, L. E.; HIRANO, K. A. High school to college: transition experiences of young adults with autism. *Focus on Autism and Other Developmental Disabilities*, v. 34, n. 1, p. 52-64, 2019.

AMERICAN PSYCHIATRIC ASSOCIATION (APA). *Manual diagnóstico e estatístico de transtornos mentais*: DSM-5-TR. 5. ed. rev. Porto Alegre: Artmed, 2023.

ANDERSON, A. H.; CARTER, M.; STEPHENSON, J. Perspectives of university students with autism spectrum disorder. *Journal of Autism and Developmental Disorders*, v. 48, n. 3, p. 651-665, 2018.

ANDERSON, A. H.; STEPHENSON, J.; CARTER, M. Perspectives of former students with ASD from Australia and New Zealand on their university experience. *Journal of Autism and Developmental Disorders*, v. 50, n. 8, p. 2886-2901, 2020.

ANKENMAN, K. *et al.* Nonverbal and verbal cognitive discrepancy profiles in autism spectrum disorders: influence of age and gender. *American Journal on Intellectual and Developmental Disabilities,* v. 119, n. 1, p. 84-99, 2014.

BAEZ, S.; IBANEZ, A. The effects of context processing on social cognition impairments in adults with Asperger's syndrome. *Frontiers in Human Neuroscience*, v. 8, article 270, 2014.

BISHOP, S. L.; RICHLER, J.; LORD, C. Association between restricted and repetitive behaviors and nonverbal IQ in children with autism spectrum disorders. *Child Neuropsychol*ogy, v. 12, n. 4-5, p. 247-267, 2006.

BLAIR, C. Developmental science and executive function. *Current Directions in Psychological Science*, v. 25, n. 1, p. 3-7, 2016.

BOYD, B. A. *et al.* Comparative efficacy of LEAP, TEACCH and non-model-specific special education programs for preschoolers with autism spectrum disorders. *Journal of Autism and Developmental Disorders*, v. 44, n. 2, p. 366-380, 2014.

BRIGNELL, A. *et al.* Communication interventions for autism spectrum disorder in minimally verbal children. *Cochrane Database Systematic Reviews*, v. 11, n. 11, article CD012324, 2018.

CAMPOS, L. K.; FERNANDES, F. D. M. Perfil escolar e as habilidades cognitivas e de linguagem de crianças e adolescentes do espectro do autismo. *Codas*, v. 28, n. 3, p. 234-243, 2016.

CARREIRO, L. R. R.; TEIXEIRA, M. C. T. V. Avaliação da atenção. *In*: HUTZ, C. S. (org.). *Avanços em avaliação psicológica e neuropsicológica de crianças e adolescentes II*. São Paulo: Casa do Psicólogo, 2012. p. 57-92.

CHUNG, J. C. Y.; MEVORACH, C.; WOODCOCK, K. A. Establishing the transdiagnostic contextual pathways of emotional outbursts. *Scientific Reports*, v. 12, article 7414, 2022.

CHUNG, J. C. Y. *et al.* Cross-cultural comparison of the contexts associated with emotional outbursts. *Journal of Autism and Developmental Disorders*, v. 53, n. 11, p. 4229-4242, 2023.

CULLEN, J. A. The needs of college students with autism spectrum disorders and asperger's syndrome. *Journal of Postsecondary Education and Disability*, v. 28, n. 1, p. 89-101, 2015.

DEMETRIOU, E. A. *et al.* Autism spectrum disorders: a meta-analysis of executive function. *Molecular Psychiatry*, v. 23, n. 5, p. 1198-1204, 2018.

DIAMOND, A. Executive functions. *Annual Review of Psychology*, v. 64, p. 135-168, 2013.

DIJKHUIS, R. Autism symptoms, executive functioning and academic progress in higher education students. *Journal of Autism and Developmental Disorders*, v. 50, n. 4, p. 1353-1363, 2020.

ESTES, A. *et al.* Discrepancies between academic achievement and intellectual ability in higher-functioning school-aged children with autism spectrum disorder. *Journal of Autism and Developmental Disorders*, v. 41, n. 8, p. 1044-1052, 2011.

FLEGENHEIMER, C.; SCHERF, K. S. College as a developmental context for emerging adulthood in autism: a systematic review of what we know and where we go from here. *Journal of Autism and Developmental Disorders*, v. 52, n. 5, p. 2075-2097, 2022.

FRANCHINI, M. *et al.* Initiation of joint attention and related visual attention processes in infants with autism spectrum disorder: literature review. *Child Neuropsychology*, v. 25, n. 3, p. 287-317, 2019.

FRIEDMAN, L.; STERLING, A. A review of language, executive function, and intervention in autism spectrum disorder. *Seminars in Speech and Language*, v. 40, n. 4, p. 291-304, 2019.

GENOVESI, E. *et al.* Stakeholder experiences, attitudes and perspectives on inclusive education for children with developmental disabilities in sub-Saharan Africa: a systematic review of qualitative studies. *Autism*, v. 26, n. 7, p. 1606-1625, 2022.

GIOIA, G. A. *et al. BRIEF-2*: behavior rating inventory of executive function: professional manual. 2. ed. Lutz: Psychological Assessment Resources, 2000.

GODDARD, H.; COOK, A. "I spent most of freshers in my room": a qualitative study of the social experiences of university students on the autistic spectrum. *Journal of Autism and Developmental Disorders*, v. 52, n. 6, p. 2701-2716, 2022.

GOLDSTEIN, G.; JOHNSON, C. R.; MINSHEW, N. J. Attentional processes in autism. *Journal of Autism and Developmental Disorders*, v. 31, n. 4, p. 433-440, 2001.

GURBUZ, E.; HANLEY, M.; RIBY, D. M. University students with autism: the social and academic experiences of university in the UK. *Journal of Autism and Developmental Disorders*, v. 49, n. 2, p. 617-631, 2019.

HOFMANN, W.; SCHMEICHEL, B. J.; BADDELEY, A. D. Executive functions and self-regulation. *Trends in Cognitive Sciences*, v. 16, n. 3, p. 174-180, 2012.

JOHNSON, C. N. *et al.* Cognitive correlates of autism spectrum disorder symptoms. *Autism Research,* v. 14, n. 11, p. 2405-2411, 2021.

JONES, C. R. G. *et al.* Reading and arithmetic in adolescents with autism spectrum disorders: peaks and dips in attainment. *Neuropsychology,* v. 23, n. 6, p. 718-728, 2009.

KEEN, D.; WEBSTER, A.; RIDLEY, G. How well are children with autism spectrum disorder doing academically at school?: an overview of the literature. *Autism*, v. 20, n. 3, p. 276-294, 2016.

KOUKLARI, E.; TSERMENTSELI, S.; MONKS, C. Hot and cool executive function in children and adolescents with autism spectrum disorder: cross-sectional developmental trajectories. *Child Neuropsychology*, v. 24, n. 8, p. 1088-1114, 2018.

KRAPER, C. K. *et al.* The gap between adaptive behavior and intelligence in autism persists into young adulthood and is linked to psychiatric comorbidities. *Journal of Autism and Developmental Disorders,* v. 47, n. 10, p. 3007-3017, 2017.

KRAUZLIS, R. J. *et al.* What is attention? *Cognitive Science*, v. 14, n. 1, article e1570, 2021.

LEUNG, R. C.; ZAKZANIS, K. K. Brief report: cognitive flexibility in autism spectrum disorders: a quantitative review. *Journal of Autism and Developmental Disorders*, v. 44, n. 10, p. 2628-2645, 2014.

MARIANI, M. M. C. *et al.* Voluntary and automatic orienting of attention in children with attention deficit hyperactivity disorder. *Archives of Clinical Psychiatry*, v. 48, n. 3, p. 155-161, 2021.

MARINOPOULOU, M. *et al.* Do Wechsler intelligence scales predict academic achievement in children with ADHD or autism?: a systematic review and meta-analysis. *Applied Neuropsychology:* Child, p. 1-15, 2024.

MARTOS-PÉREZ, J. Procesos de atención en el autismo. *Revista de Neurologia*, v. 46, p. S69-70, 2008. Supl. 1.

MATSON, J. L.; SHOEMAKER, M. Intellectual disability and its relationship to autism spectrum disorders. *Research in Developmental Disabilities*, v. 30, n. 6, p. 1107-1114, 2009.

MAYES, S. D.; CALHOUN, S. L. Learning, attention, writing, and processing speed in typical children and children with ADHD, autism, anxiety, depression, and oppositional-defiant disorder. *Child Neuropsychology*, v. 13, n. 6, p. 469-493, 2007.

MILLER, E. K.; COHEN, J. D. An integrative theory of prefrontal cortex function. *Annual Review of Neuroscience*, v. 24, p. 167-202, 2001.

MILLER, L. E. *et al.* Preschool predictors of school-age academic achievement in autism spectrum disorder. *Clinical Neuropsychologist,* v. 31, n. 2, p. 382-403, 2017.

NARHI-MARTINEZ, W.; DUBE, B.; GOLOMB, J. D. Attention as a multi-level system of weights and balances. *Cognitive Science*, v. 14, n. 1, article e1633, 2022.

OLIVATI, A. G.; LEITE, L. P. Trajetória acadêmica de um pós-graduando com transtorno do espectro autista. *Revista Psicologia em Estudo*, v. 22, n. 4, p. 609-621, 2017.

SALEHINEJAD, M. A. *et al.* Hot and cold executive functions in the brain: a prefrontal-cingular network. *Brain and Neurosciences Advances*, v. 5, p. 1-19, 2021.

SHARMA, N. *et al.* Transition care: future directions in education, health policy, and outcomes research. *Academic Pediatrics*, v. 14, n. 2, p. 120-127, 2014.

SHMULSKY, S. *et al.* College students who have ASD: Factors related to first year performance. *Journal of Postsecondary Education and Disability*, v. 30, n. 4, p. 375-384, 2017.

SHOGREN, K. A.; PLOTNER, A. J. Transition planning for students with intellectual disability, autism, or other disabilities: data from the National Longitudinal Transition Study–2. *Intellectual & Developmental Disabilities*, v. 50, n. 1, p. 16-30, 2012.

SILVA, M. M. M. *et al.* Avaliação da atenção na infância. *In*: LINS, M. R. C.; MINERVINO, C. M.; SILVA, M. A. (org.). *Avaliação cognitiva*: princípios e técnicas. São Paulo: Hogrefe, 2022. p. 221-251.

ST. JOHN, T.; DAWSON, G.; ESTES, A. Brief report: executive function as a predictor of academic achievement in school-aged children with ASD. *Journal of Autism and Developmental Disorders*, v. 48, n. 1, p. 276-283, 2018.

STERNBERG, R. J. Intelligence. *Dialogues in Clinical Neuroscience,* v. 14, n. 1, p. 19-27, 2012.

TROYB, E. *et al.* Academic abilities in children and adolescents with a history of autism spectrum disorders who have achieved optimal outcomes. *Autism*, v. 18, n. 3, p. 233-243, 2014.

TSCHIDA, J. E.; YERYS, B. E. Real-world executive functioning for autistic children in school and home settings. *Autism*, v. 26, n. 5, p. 1095-1107, 2022.

VAN HEES, V.; MOYSON, T.; ROEYERS, H. Higher education experiences of students with autism spectrum disorder: challenges, benefits and support needs. *Journal of Autism and Developmental Disorders*, v. 45, n. 6, p. 1673-1688, 2015.

VINCENT, J. *et al.* 'I think autism is like running on Windows while everyone else is a Mac': using a participatory action research approach with students on the autistic spectrum to rearticulate autism and the lived experience of university. *Educational Action Research*, v. 25, n. 2, p. 300-315, 2017.

WALLACE, G. L. *et al.* Real-world executive functions in adults with autism spectrum disorder: profiles of impairment and associations with adaptive functioning and co-morbid anxiety and depression. *Journal of Autism and Developmental Disorders*, v. 46, n. 3, p. 1071-1083, 2016.

WEHMAN, P. *et al.* Transition from school to adulthood for youth with autism spectrum disorder: what we know and what we need to know. *Journal of Disability Policy Studies*, v. 25, n. 1, p. 30-40, 2014.

WHITE, S. W.; OLLENDICK, T. H.; BRAY, B. C. College students on the autism spectrum: prevalence and associated problems. Autism, v. 15, n. 6, p. 683-701, 2011.

WOLF, L. E.; BROWN, J. T.; BORK, G. R. K. Students with Asperger syndrome: a guide for college personnel. Shawnee Mission: Autism Asperger Publishing, 2009.

ZIMMERMAN, D. L. et al. Independence of hot and cold executive function deficits in high-functioning adults with autism spectrum disorder. Frontiers in Human Neuroscience, v. 10, article 24, 2016.

## LEITURA RECOMENDADA

BRASIL. Ministério da Educação. Conselho Nacional de Educação. Câmara de Educação Básica. *Resolução nº 4, de 2 de outubro de 2009*. Institui Diretrizes Operacionais para o Atendimento Educacional Especializado na Educação Básica, modalidade Educação Especial. Brasília: Ministério da Educação, 2009. Disponível em: http://portal.mec.gov.br/dmdocuments/rceb004_09.pdf. Acesso em: 10 abr. 2025.

2

# Perfil da linguagem e da comunicação no TEA: implicações para a aprendizagem

Ícaro Araujo de Abreu
Gabriella Koltermann
Cleonice Alves Bosa
Jerusa Fumagalli de Salles

Aspectos da linguagem e da comunicação desempenham papéis importantes na compreensão do transtorno do espectro autista (TEA), sendo central o conhecimento sobre a comunicação humana para a teoria e a prática clínica no âmbito das alterações no neurodesenvolvimento, em especial o autismo (Tager-Flusberg; Paul; Lord, 2014). O presente capítulo, em particular, aborda dificuldades relacionadas ao desenvolvimento da linguagem e da comunicação no TEA e suas implicações para o processo de aprendizagem.

## LINGUAGEM E COMUNICAÇÃO

A comunicação é, por definição, uma interação social em que há um componente simbólico (Linke *et al.*, 2004). Uma possibilidade deste é o sistema linguístico. Quando a comunicação ocorre por meio do comportamento verbal, fala-se de comunicação verbal. Uma possível diferenciação entre comunicação e comportamento verbal se dá quanto ao escopo e à especificidade dos comportamentos, conforme pode ser visto no esquema apresentado na Figura 2.1.

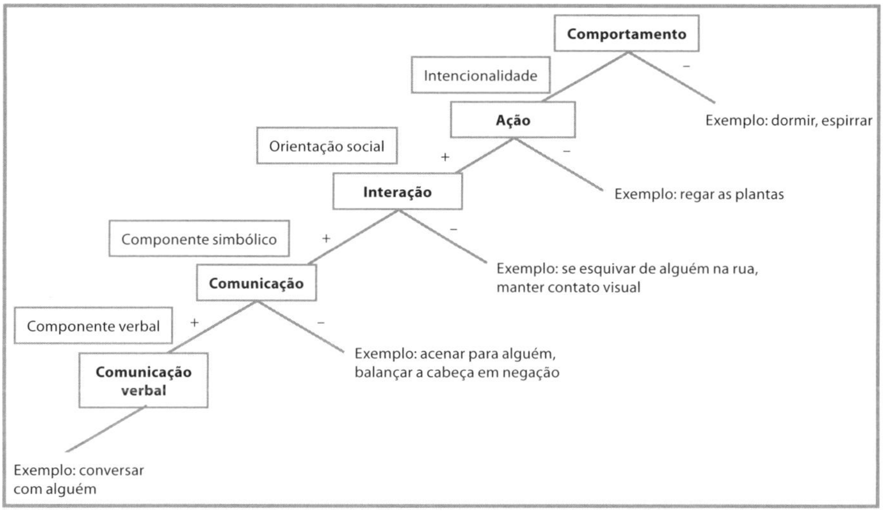


**Figura 2.1** – Níveis de escopo e especificidade: do comportamento à comunicação verbal.
**Fonte:** Adaptada de Linke *et al.* (2004).

Com base na neuropsicologia, na psicolinguística e nas neurociências, pode-se entender a linguagem como uma habilidade cognitiva com a capacidade de representar pensamentos nos mais variados níveis de complexidade (Damásio; Kuhl, 2014). Sua organização e representação cognitiva se dá em diferentes subdomínios interconectados, como fonologia, morfologia, sintaxe, habilidades léxico-semânticas e pragmático-discursivas (Vasconcelos *et al.*, 2019).

Em síntese, comunicação é um termo que se refere a todas as formas de emitir e receber informações ou mensagens, seja mediante uso de linguagem oral, gestos, linguagem escrita ou de sinais. Já a linguagem representa um tipo de comunicação que envolve a formulação de ideias ou mensagens por meio da combinação de palavras (Paul; Wilson, 2018) (Figura 2.2).

**Figura 2.2** – Representação da linguagem como um dos domínios da comunicação.
**Fonte:** Paul e Wilson (2018).

Reconhece-se hoje que o perfil de comunicação e linguagem no autismo é extremamente variável (Tager-Flusberg; Paul; Lord, 2014). Alguns indivíduos com TEA podem iniciar a fala anos depois do considerado típico, outros podem permanecer não verbais por toda a vida, enquanto outros, ainda, podem adquirir habilidades verbais minimamente, aprendendo a produzir palavras e sentenças, porém com dificuldades em usá-las apropriadamente em contexto (Paul; Wilson, 2018).

## DESENVOLVIMENTO DA LINGUAGEM E DA COMUNICAÇÃO NO TEA

O desfecho de linguagem no TEA pode ser influenciado pelas dificuldades no desenvolvimento da atenção compartilhada, isto é, a habilidade de compartilhar experiências durante a interação social recíproca, nos dois primeiros anos de vida (Mundy; Sullivan; Mastergeorge, 2009). É importante salientar que o perfil de alteração na linguagem varia com a idade e o nível de desenvolvimento. Por exemplo, déficits na atenção compartilhada e na linguagem receptiva, bem como na produção vocal reduzida, são evidentes já nos primeiros dois anos de vida. Há evidências de uma relação entre o desenvolvimento do nível de vocabulário e medidas de resposta de atenção compartilhada (Bottema-Beutel, 2016). Ademais, dificuldades no processamento de inferências também podem estar relacionadas a alterações na habilidade de atenção compartilhada (Sano *et al.*, 2022).

Diferenças qualitativas na comunicação entre crianças com TEA e crianças com desenvolvimento típico são evidentes mesmo no estágio pré-verbal. Especificamente, crianças com TEA utilizam menos gestos simbólicos de atenção compartilhada. Como consequência, o comprometimento da atenção compartilhada pode resultar em uma cascata de oportunidades de aprendizagem perdidas como parte do processo normal de desenvolvimento para construir vocabulário por meio de associações objeto-palavra. Em suma, alterações na linguagem e na comunicação social estão incluídas nos critérios diagnósticos primários para TEA; e as habilidades de linguagem podem variar de não verbais a uma linguagem com características idiossincráticas, como ecolalias e alterações de prosódia (Mody; Belliveau, 2012).

## CARACTERIZAÇÃO DA LINGUAGEM E DA COMUNICAÇÃO NO TEA

Diferentes habilidades de linguagem e comunicação podem estar afetadas no TEA. Os primeiros relatos de autismo, de Kanner (1943), dão conta de padrões incomuns de fala, prosódia alterada e inversões pronominais, além de dificuldades gerais de comunicação e trocas afetivas. Até hoje, e nos recentes manuais diagnósticos, alterações na comunicação constituem um dos eixos centrais para o diagnóstico do TEA (APA, 2023). Atualmente, sabe-se que habilidades específicas de linguagem, tanto de expressão quanto de compreensão, podem apresentar alterações no TEA (Kwok *et al.*, 2015). Assim, tanto a comunicação quanto, mais especificamente, a linguagem, costumam estar alteradas no TEA e são centrais como focos em processos avaliativos diagnósticos e para compreensão do desenvolvimento futuro e funcionalidade dos indivíduos. As intervenções dirigidas ao TEA também precisam abarcar o desenvolvimento de habilidades comunicativas e linguísticas. Conforme comentado, há uma marcada heterogeneidade nos perfis linguísticos e nas habilidades específicas, abrangendo semântica, pragmática, fonologia e morfossintaxe, com possível associação a dificuldades práxicas de fala (Schaeffer *et al.*, 2023; Vogindroukas *et al.*, 2022).

## ASPECTOS ESTRUTURAIS DA LINGUAGEM

Alterações estruturais de linguagem são um achado inconsistente na literatura (Naigles; Tek, 2017). Em uma revisão sistemática de estudos publicados ao longo dos últimos 40 anos que abordam alterações de linguagem estrutural no TEA (Girolamo *et al.*, 2024), foram identificados fatores complicadores para a delimitação dos achados, tais como a variedade de perfis (que incluem diferentes níveis de dificuldade de verbalização), a variação em perfil cognitivo, a divergência decorrente de mudanças nos critérios diagnósticos, a presença de comorbidades e, em 60% dos estudos identificados, a inespecificidade quanto a medidas e testes utilizados na avaliação de aspectos gramaticais ou de vocabulário.

Vogindroukas *et al.* (2022) propõem quatro categorias de perfil linguístico e de comunicação no TEA: (1) indivíduos com déficits pragmáticos e alterações sociocomunicativas não verbais, mas sem outros acometimentos de linguagem; (2) indivíduos com comorbidades, como transtorno de desenvolvimento da linguagem ou apraxia de fala, e que apresentam déficits sociopragmáticos e de linguagem estrutural e fala; (3) indivíduos com deficiência intelectual comórbida, cujo perfil linguístico é afetado por dificuldades cognitivas globais; e (4) indivíduos com déficits sociocomunicativos severos e déficits secundários de linguagem que derivam do baixo emprego em contextos sociais. Observa-se, aqui, a presença de déficit pragmático em todos os perfis, com variações no perfil linguístico estrutural e nas suas possíveis causas.

Por outro lado, Schaeffer *et al.* (2023) propõem categorias pautadas no grau e no escopo de prejuízo, sendo elas: (1) TEA verbal com alterações pragmáticas, mas não estruturais de linguagem; (2) TEA verbal com alterações estruturais de linguagem, afetando fonologia e/ou morfossintaxe; e (3) TEA minimamente verbal, abarcando desde o uso restrito de linguagem, com vocabulário limitado, até a ausência completa de linguagem oral. Essa classificação não trata diretamente de comorbidades, entendendo-as como características adicionais, mas não intrínsecas ao TEA.

Em ambas as classificações propostas, há uma diferença entre alterações pragmáticas e referentes a outros domínios de linguagem, em que alterações pragmáticas são uma constante. A distinção entre esses domínios não é unânime na literatura, havendo indícios de uma organização mais complexa e interconectada entre a aquisição de aspectos estruturais e pragmáticos de linguagem (Wilson; Bishop, 2022); no entanto, é de interesse apresentar os domínios de modo separado para fins de entendimento.

Enquanto as alterações estruturais são variadas em sua apresentação, a pragmática é um domínio afetado de modo mais uniforme no TEA (Schaeffer *et al.*, 2023). Em especial, destaca-se a pragmática social, definida como fenômenos linguísticos cuja compreensão e produção dependem de contextos sociais e do entendimento da intencionalidade de outros falantes (Andrés-Roqueta; Katsos, 2017). Dificuldades nesse sentido são delineadas enquanto características do TEA e incluem baixa compreensão de discurso, literalidade, bem como menor iniciativa de comunicação durante a interação social (APA, 2023).

## USO DA LINGUAGEM: ASPECTOS PRAGMÁTICOS

O perfil de habilidades pragmáticas no TEA foi alvo do estudo de Wong *et al.* (2022), que investigaram habilidades como as relativas à intenção comunicativa e manejo discursivo em pré-escolares com desenvolvimento típico, com transtorno de linguagem e com TEA. Utilizou-se avaliação mediante observação e de forma direta, analisando intenção comunicativa por meio de presença de contato visual, reciprocidade com gestos convencionais e intenção comunicativa percebida, manejo de discurso por meio de manutenção e autocorreção, adequação do discurso ao contexto e resposta a correções. O perfil de déficits pragmáticos no TEA apresentou diferenças significativas em relação ao grupo típico nesses aspectos avaliados.

A pragmática, enquanto domínio, demanda outras habilidades cognitivas. A relação entre alterações pragmáticas e estruturais em crianças com TEA é ainda um tema incipiente na literatura, de modo que a investigação concomitante de ambos os níveis de análise é recomendada (Reindal *et al.*, 2023). Para além da linguagem, destacam-se memória de trabalho verbal e atenção (Baixali-Fortea *et al.*, 2019), bem como cognição social e mentalização, isto é, habilidade de compreender estados mentais (Andrés-Roqueta; Katsos, 2020). Ademais, há indícios de variação em padrões sintáticos, semânticos e discursivos em jovens autistas ao interagirem com diferentes interlocutores (Richardson; Zampella; Bennetto, 2024), apontando, ainda, para um possível complicador para a investigação da pragmática.

Tomados em conjunto, esses estudos de habilidades pragmáticas em indivíduos com TEA ecoam as sugestões de estudos de comunicação não verbal em crianças com autismo. Embora a intenção básica de se comunicar frequentemente exista, o indivíduo com TEA apresenta habilidade prejudicada em participar de atividades comunicativas que envolvam referência conjunta ou tópicos compartilhados. Isso é particularmente verdadeiro no fornecimento de novas informações relevantes para os propósitos de um ouvinte. As estratégias usadas por um indivíduo com autismo para manter uma conversa são menos avançadas do que a capacidade sintática preveria, assim como a capacidade de inferir as intenções implícitas do interlocutor (Tager-Flusberg; Paul; Lord, 2014).

## IMPLICAÇÕES DO PERFIL LINGUÍSTICO E COMUNICATIVO NO TEA PARA A APRENDIZAGEM

Entender as dificuldades e potencialidades acadêmicas de indivíduos com TEA é crucial no âmbito da educação. No entanto, essa área de pesquisa ainda não está amplamente desenvolvida, o que resulta em uma lacuna nas intervenções acadêmicas baseadas em evidências para esses alunos (Tonizzi; Usai, 2023).

A compreensão de leitura parece ser uma área de dificuldade no TEA, o que pode ser explicado por alterações na linguagem oral (Brown; Oram-Cardy; Johnson, 2013; Ricketts *et al.*, 2013). Contudo, déficits na interação e na comunicação social e dificuldades com a compreensão do estado mental dos outros limitam a percepção da leitura para além da influência da linguagem oral. A construção de um "modelo situacional" adequado (i.e., a representação mental que corresponde às elaborações do leitor, formadas a partir dos conhecimentos linguísticos, experiências e conhecimento de mundo), uma representação de texto baseada em significado que é integrada com conhecimento e experiência prévios, é considerada essencial para a compreensão bem-sucedida do texto (Kintsch, 1988). Salienta-se também a essencial influência do aspecto de processamento de inferências para o processo de compreensão de leitura.

Enquanto o reconhecimento de palavras e a linguagem oral contribuem para o desenvolvimento de um modelo situacional na assimilação de textos, o processamento inferencial, o monitoramento da compreensão e o conhecimento da estrutura textual também são importantes. Isso levanta uma série de potenciais explicações para a relação entre compreensão de leitura e habilidades de comunicação. Uma possibilidade é que dificuldades em entender normas sociais e comunicativas e dificuldades com "mentalização" podem prejudicar a capacidade do leitor de fazer inferências e, portanto, restringir a construção do modelo situacional do texto (Brown; Oram-Cardy; Johnson, 2013; Ricketts *et al.*, 2013). Indivíduos com TEA apresentaram menor desempenho na captação de textos que requerem interpretação de situações sociais do que naqueles com menos elementos sociais (Brown; Oram-Cardy; Johnson, 2013).

Adicionalmente, escrever é um ato comunicativo que se caracteriza como um desafio para muitos indivíduos com TEA, pois também exige habilidade de tomada de perspectiva de outras pessoas. As fragilidades nas capacidades de comunicação igualmente atuam como uma barreira à aquisição de um repertório de escrita funcional, visto que a produção escrita também requer a regulação de vários processos cognitivos, linguísticos e motores interconectados e simultaneamente, enquanto se envolvem no planejamento, geração de texto, organização e revisão. Indivíduos com TEA costumam apresentar déficits em muitas dessas funções-base (Finnegan; Accardo, 2018).

No que se refere ao domínio da matemática, crianças com TEA podem enfrentar desafios em habilidades consideradas mais complexas, como resolver problemas matemáticos com palavras ou equações. Embora seguir procedimentos lógicos seja frequentemente considerado um ponto forte para estudantes com TEA, compreender o conteúdo e selecionar a estratégia apropriada para resolver problemas matemáticos podem ser consideravelmente mais desafiadores (Tonizzi; Usai, 2023).

É essencial considerar a enorme variação nos perfis de linguagem e comunicação no TEA ao se pensar o contexto educacional. Estima-se que 25 a 35% dos indivíduos autistas apresentem uso reduzido de linguagem oral, sendo considerados "minimamente verbais" (Rose *et al.*, 2016). Alunos autistas com necessidades complexas de comunicação, quando não predominantemente pela fala, e que utilizam comunicação alternativa e aumentativa (CAA), muitas vezes ainda carecem do apoio adequado. A CAA contempla o uso de gestos manuais, símbolos gráficos, sistemas assistidos de voz, entre outros recursos empregados para substituir ou suplementar, de modo temporário ou permanente, formas de expressões referentes à fala ininteligível, não funcional ou inexistente (Nunes; Barbosa; Nunes, 2021).

A utilização de CAA é ainda um desafio em muitos contextos educacionais. As principais dificuldades relatadas por professores estadunidenses no estudo de Andzik et al. (2017) são o acesso a treinamentos para uso de CAA, a implementação de avaliações para determinar as necessidades de apoio comunicativo, além da organização e implementação dos sistemas de comunicação.

Pouco se sabe ainda sobre as características e a eficácia das intervenções projetadas e adotadas especificamente para indivíduos com fala limitada ou inexistente. Nesse sentido, uma revisão sistemática (Yorke et al., 2021) avaliou a eficácia de intervenções fonológicas fundamentais de leitura (linguagem escrita) – especificamente habilidades de consciência fonológica, correspondência entre letras e sons e decodificação – projetadas para atender às necessidades de indivíduos que utilizam CAA. Os resultados indicaram efeitos positivos de intervenções fonológicas adaptadas para este público e foram consistentes em todas as idades estudadas. Assim, a adaptação de tarefas (que considera as necessidades e habilidades únicas de indivíduos que utilizam CAA) tem potencial para apoiar a participação e os ganhos positivos em direção à aprendizagem da linguagem escrita (Yorke et al., 2021). A literatura recomenda que professores adotem um programa de leitura baseado em evidências, apoiado em ensino explícito, modelo, *feedbacks*, suportes e prática guiada, recompensas, repetições e ensino sistemático de consciência fonológica para garantir que estudantes que fazem uso da CAA tenham oportunidades de aprender e generalizar suas habilidades de leitura e escrita (Ulriksen et al., 2023; Yorke et al., 2021).

A implementação de CAA no contexto escolar perpassa não apenas seu uso para fins de instrução, como também para todos os outros fins comunicativos em contexto de sala de aula. Criar oportunidades de comunicação em diversos cenários é essencial para não limitar a interação de alunos autistas a situações específicas, como tarefas ou atividades estruturadas (Suhr et al., 2024).

Tendo como base a publicação da *Carta de Direitos de Comunicação* (National Joint Committee for the Communication Needs of Persons with Severe Disabilities, 2024), um guia (Brady *et al.*, 2016) reforça a importância da acessibilidade comunicativa e de serviços adequados para avaliação e implementação de suporte individualizado. Também se ressalta a importância de não entender a fala como um objetivo final ou como a única forma legítima de comunicação (Donaldson; Corbin; McCoy, 2021). Essa perspectiva pode contribuir positivamente no contexto de aprendizagem ao abarcar aspectos psicossociais da inclusão comunicativa.

As diferenças no perfil linguístico e comunicativo de pessoas autistas no ambiente escolar podem acarretar impactos psicossociais importantes. À medida que a complexidade das relações sociais aumenta, em especial na transição para a adolescência, características como rigidez e dificuldades com aspectos verbais e não verbais da interação podem acentuar o isolamento de alunos com TEA (Carter *et al.*, 2013; Dawe-Lane *et al.*, 2025).

Sabendo que um dos cernes do TEA são as dificuldades de comunicação social e pragmática, deve-se atentar para necessidades de adaptação em todos os níveis de suporte. Pesquisas têm investigado abordagens diferentes nesse sentido. Por um lado, há programas voltados para melhor apoiar o desenvolvimento de habilidades sociais por meio de instrução e treino (Laugeson *et al.*, 2012; Waller *et al.*, 2016) e por meio de atividades lúdicas e mediadas por teatro (Corbett *et al.*, 2023).

Em um paradigma de inclusão, é interessante que intervenções e suporte para comunicação ocorram em contexto mais naturalístico, na própria sala de aula. Um estudo de revisão sistemática e metanálise (Watkins *et al.*, 2019), investigando intervenções inclusivas para crianças autistas em contexto escolar, identificou boas evidências de melhora na comunicação social. Em especial, foram encontrados maiores efeitos em intervenções que forneceram suportes visuais, estratégias de automonitoramento e apoio de pares, com o maior efeito sendo encontrado em intervenções guiadas pelos professores. Outra revisão sistemática, voltada para intervenções lúdicas realizadas em ambiente escolar para crianças autistas de 3 a 13 anos, verificou resultados promissores, com evidências de melhora em habilidades de comunicação social (O'Keeffe; McNally, 2023). Propostas de intervenções em dificuldades leitoras e de linguagem no TEA podem ser encontradas mais detalhadamente no Capítulo 6 - Dificuldades leitoras e de linguagem no TEA: propostas de intervenção.

As diretrizes governamentais atuais preveem um estudo de caso para cada estudante com TEA, sugerindo a criação de um plano de atendimento educacional especializado (PAEE) e um plano educacional individualizado (PEI). O PAEE deve conter o registro do estudo de caso; a definição de materiais e recursos para eliminar ou minimizar as barreiras no contexto educacional; a avaliação da necessidade e disponibilização de recursos de tecnologia assistiva e CAA; a avaliação da necessidade de oferta de profissionais de apoio escolar, intérpretes de Língua Brasileira de Sinais e guias-intérpretes; demandas para a rede de proteção social e articulação intersetorial. Já para o PEI, sugere-se um plano de acessibilização curricular, considerando as atividades desenvolvidas na sala de recursos multifuncionais e a articulação com o professor regente e demais profissionais da unidade escolar, nos diferentes espaços; e medidas individualizadas de acesso ao currículo para os estudantes autistas (Brasil, 2024). Essas regulamentações visam avançar na *Política Nacional de Educação Especial na Perspectiva da Educação Inclusiva* (PNEEPEI) (Brasil, 2024).

## CONSIDERAÇÕES FINAIS

As características de linguagem e de comunicação social podem ter apresentações muito diversas no TEA. Podem estar relacionadas também a dificuldades em compreensão leitora ou na resolução de problemas aritméticos. Isso significa que o tipo de suporte necessário para cada aluno autista pode ser muito diferente. Como um todo, a comunicação social engloba não apenas aspectos instrucionais de sala de aula, mas toda a gama de interações do contexto escolar. A inclusão de CAA, adaptações com apoios visuais, apoio mediado por pares e ajustes por parte de interlocutores adultos para uma fala mais literal estão entre algumas das estratégias utilizadas nesse cenário. Por fim, o trabalho integrado entre os profissionais da educação e da saúde, assim como a participação dos familiares no planejamento das metas e atividades, seria importante para um melhor aproveitamento do processo ensino-aprendizagem de estudantes com TEA.

## REFERÊNCIAS

AMERICAN PSYCHIATRIC ASSOCIATION (APA). *Manual diagnóstico e estatístico de transtornos mentais*: DSM-5-TR. 5. ed. rev. Porto Alegre: Artmed, 2023.

ANDRÉS-ROQUETA, C.; KATSOS, N. A distinction between linguistic and social pragmatics helps the precise characterization of pragmatic challenges in children with autism spectrum disorders and developmental language disorder. *Journal of Speech, Language, and Hearing Research*, v. 63, n. 5, p. 1494-1508, 2020.

ANDZIK, N. R. *et al.* AAC services in schools: a special educator's perspective. *International Journal of Developmental Disabilities*, v. 65, n. 2, p. 89-97, 2017.

BAIXAULI-FORTEA, I. *et al.* Pragmatic competence of children with autism spectrum disorder. Impact of theory of mind, verbal working memory, ADHD symptoms, and structural language. *Applied Neuropsychology*: Child, v. 8, n. 2, p. 101-112, 2019.

BOTTEMA-BEUTEL, K. Associations between joint attention and language in autism spectrum disorder and typical development: a systematic review and meta-regression analysis. *Autism Research*, v. 9, n. 10, p. 1021-1035, 2016.

BRADY, N. C. *et al.* Communication services and supports for individuals with severe disabilities: guidance for assessment and intervention. *American Journal on Intellectual and Developmental Disabilities*, v. 121, n. 2, p. 121-138, 2016.

BRASIL. Ministério da Educação. *Parecer CNE/CP Nº: 50/2023*. Reanálise do Parecer CNE/CP nº 50, de 5 de dezembro de 2023, que tratou das Orientações Específicas para o Público da Educação Especial: Atendimento a Estudantes com Transtorno do Espectro Autista (TEA). Brasília: Ministério da Educação, 2024. Disponível em: http://portal.mec.gov.br/index.php?option=com_docman&view=download&alias=265021-pcp050-23-reanalise&category_slug=dezembro-2023-pdf&Itemid=30192. Acesso em: 10 abr. 2025.

BROWN, H. M.; ORAM-CARDY, J.; JOHNSON, A. A meta-analysis of the reading comprehension skills of individuals on the autism spectrum. *Journal of Autism and Developmental Disorders*, v. 43, n. 4, p. 932-955, 2013.

CARTER, E. W. *et al.* Promoting social competence and peer relationships for adolescents with autism spectrum disorders. *Remedial and Special Education*, v. 35, n. 2, p. 91-101, 2013.

CORBETT, B. A. *et al.* Peers, play, and performance to build social salience in autistic youth: a multisite randomized clinical trial. *Journal of Consulting and Clinical Psychology*, v. 91, n. 7, p. 411-425, 2023.

DAMÁSIO, A.; KUHL, P. A linguagem. *In*: KANDEL, E. R. *et al. Princípios de neurociências*. 5. ed. Porto Alegre: AMGH, 2014. Parte IX, cap. 60, p. 1179-1196.

DAWE-LANE, E. O. *et al.* Emotion and peer problems in autistic adolescents: the role of puberty, school adjustment and bullying. *JCPP Advances*, article e12305, 2025.

DONALDSON, A. L.; CORBIN, E.; MCCOY, J. "Everyone deserves AAC": preliminary study of the experiences of speaking autistic adults who use augmentative and alternative communication. *Perspectives of the ASHA Special Interest Groups*, v. 6, n. 2, p. 315-326, 2021.

FINNEGAN, E.; ACCARDO, A. L. Written expression in individuals with autism spectrum disorder: a meta-analysis. *Journal Autism Dev Disorder,* v. 48, n. 3, p. 868-882, 2018.

GIROLAMO, T. *et al.* Studies assessing domains pertaining to structural language in autism vary in reporting practices and approaches to assessment: a systematic review. *Autism*, v. 28, n. 7, p. 1602-1621, 2024.

KANNER, L. Autistic disturbances of affective contact. *Nervous Child*, v. 2, p. 217-250, 1943.

KINTSCH, W. The role of knowledge in discourse comprehension: a construction--integration model. *Psychological Review*, v. 95, n. 2, p. 163-182, 1988.

KWOK, E. Y. L. *et al.* Meta-analysis of receptive and expressive language skills in autism spectrum disorder. *Research in Autism Spectrum Disorders*, v. 9, p. 202-222, 2015.

LAUGESON, E. A. *et al.* Evidence-based social skills training for adolescents with autism spectrum disorders: the UCLA PEERS program. *Journal of Autism and Developmental Disorders*, v. 42, n. 6, p. 1025-1036, 2012.

LINKE, A. *et al. Studienbuch linguistik*. 5. ed. Tübingen: Max Niemeyer, 2004.

MODY, M.; BELLIVEAU, J. W. Speech and language impairments in autism: insights from behavior and neuroimaging. *American Chinese Journal of Medicine and Science*, v. 5, n. 3, p. 157-161, 2012.

MUNDY, P.; SULLIVAN, L.; MASTERGEORGE, A. M. A parallel and distributed-processing model of joint attention, social cognition and autism. *Autism Research*, v. 2, n. 1, p. 2-21, 2009.

NAIGLES, L. R.; TEK, S. 'Form is easy, meaning is hard' revisited: (re) characterizing the strengths and weaknesses of language in children with autism spectrum disorder. *Wiley Interdisciplinary Reviews:* Cognitive Science, v. 8, v. 4, p. e1438, 2017.

NATIONAL JOINT COMMITTEE FOR THE COMMUNICATION NEEDS OF PERSONS WITH SEVERE DISABILITIES. *NJC communication bill of rights*. 3. ed. [*S. l.*]: NJC, 2024.

NUNES, D. R. P.; BARBOSA, J. P. S.; NUNES, L. R. P. Comunicação alternativa para alunos com autismo na escola: uma revisão da literatura. *Revista Brasileira de Educação Especial*, v. 27, p. 655-672, 2021.

O'KEEFFE, C.; MCNALLY, S. A systematic review of play-based interventions targeting the social communication skills of children with autism spectrum disorder in educational contexts. *Review Journal of Autism and Developmental Disorders*, v. 10, n. 1, p. 51-81, 2023.

PAUL, R.; WILSON, K. P. Assessing speech, language, and communication in autism spectrum disorder. *In*: GOLDSTEIN, S.; OZONOFF, S. (ed.). *Assessment of autism spectrum disorder*. 2. ed. New York: Guilford, 2018. p. 179-214.

REINDAL, L. *et al.* Structural and pragmatic language impairments in children evaluated for autism spectrum disorder (ASD). *Journal of Autism and Developmental Disorders*, v. 53, n. 2, p. 701-719, 2023.

RICHARDSON, A. A.; ZAMPELLA, C. J.; BENNETTO, L. "Look who's talking": language patterns in autistic and non-autistic youth across different conversation partners. *Journal of Autism and Developmental Disorders*, 2024.

RICKETTS, J. *et al.* Reading comprehension in autism spectrum disorders: the role of oral language and social functioning. *Journal of Autism and Developmental Disorders*, v. 43, n. 4, p. 807-816, 2013.

ROSE, V. *et al.* The proportion of minimally verbal children with autism spectrum disorder in a community-based early intervention programme. *Journal of Intellectual Disability Research*, v. 60, n. 5, p. 464-477, 2016.

SANO, M. *et al.* Relation between acquisition of lexical concept and joint attention in children with autism spectrum disorder without severe intellectual disability. *PLoS One*, v. 17, n. 4, article e0266953, 2022.

SCHAEFFER, J. *et al.* Language in autism: domains, profiles and co-occurring conditions. *Journal of Neural Transmission*, v. 130, n. 3, p. 433-457, 2023.

SUHR, M. *et al.* The influence of classroom context on AAC device use for nonspeaking school-aged autistic children. *International Journal of Speech-Language Pathology*, v. 26, n. 3, p. 434-444, 2024. Special Issue: Speech Pathology Australia 2023.

TAGER-FLUSBERG, H.; PAUL, R.; LORD, C. Language and communication in autism. *In*: VOLKMAR, F. R. *et al.* (ed.). *Handbook of autism and pervasive developmental disorders*: volume 1: diagnosis, development, and brain mechanisms. 4. ed. Hoboken: John Wiley & Sons, 2014. cap. 12.

TONIZZI, I.; USAI, M. C. Math abilities in autism spectrum disorder: a meta-analysis. *Research in Developmental Disabilities*, v. 139, article 104559, 2023.

ULRIKSEN, L. B. *et al.* Reading intervention for students with intellectual disabilities without functional speech who require augmentative and alternative communication: a multiple single-case design with four randomized baselines. *Trials*, v. 24, n. 1, article 433, 2023.

VASCONCELOS, M. *et al.* Cérebro, linguagem e seus componentes. *In*: FONTOURA, D. D. *et al.* (ed.). *Neuropsicologia da linguagem:* bases para avaliação e reabilitação. São Paulo: Vetor, 2019. cap. 1.

VOGINDROUKAS, I. *et al.* Language and speech characteristics in autism. *Neuropsychiatric Disease and Treatment*, v. 18, p. 2367-2377, 2022.

WALLER, J. *et al.* Comprehensive social communication support for improving transitions for adolescents with autism spectrum disorder (ASD). *Perspectives of the ASHA Special Interest Groups*, v. 1, n. 16, p. 63-77, 2016.

WATKINS, L. *et al.* Interventions for students with autism in inclusive settings: a best-evidence synthesis and meta-analysis. *Psychological Bulletin*, v. 145, n. 5, p. 490-507, 2019.

WILSON, A. C.; BISHOP, D. V. M. A novel online assessment of pragmatic and core language skills: an attempt to tease apart language domains in children. *Journal of Child Language*, v. 49, n. 1, p. 38-59, 2022.

WONG, K. H. Y. *et al.* Comparing early pragmatics in typically developing children and children with neurodevelopmental disorders. *Journal of Autism and Developmental Disorders*. v. 52, n. 9, p. 3825-3839, 2022.

YORKE, A. M. *et al.* Foundational reading interventions adapted for individuals who require augmentative and alternative communication (AAC): a systematic review of the research. *Journal of Developmental and Physical Disabilities*, v. 33, n. 4, p. 537-582, 2021.

**PARTE**

# II

# Práticas educacionais na escola

# 3

# Práticas pedagógicas e TEA

Carlo Schmidt

A literatura vem mostrando um aumento mundial do número de casos de autismo nos últimos anos. Consequentemente, há também um aumento do número de crianças com autismo que ingressam nas escolas para frequentar desde o nível da educação básica até a educação superior.

Desde 2008, os alunos com transtornos globais do desenvolvimento, hoje identificados como transtorno do espectro autista (TEA), altas habilidades/superdotação e deficiências sensoriais ou deficiência intelectual são reconhecidos como público-alvo da educação especial, quando passam a receber o atendimento educacional especializado (AEE) (Brasil, 2008). Esse serviço é prestado por um professor de educação especial, articuladamente com o professor de sala de aula, gestão escolar e família, visando minimizar as barreiras que impedem a plena participação e aprendizagem no contexto escolar (Brasil, [2022]).

O processo de inclusão educacional de alunos com TEA tem avançado muito nas últimas décadas em termos de garantias de direitos e políticas públicas. Por outro lado, também segue apresentando alguns pontos desafiadores que merecem atenção. Um deles é a formação dos professores, relatada como incipiente, havendo a necessidade de um aprofundamento maior sobre o TEA para mitigar o hiato entre as políticas de inclusão e a prática docente em sala de aula (Gonçalves *et al.*, 2024). Um segundo ponto, decorrente do primeiro, é o sentimento de despreparo desses professores para educar seus alunos com autismo, justificado em grande parte pela ausência de documentos legais que apresentem orientações sobre os conhecimentos básicos, fundamentados em pesquisas científicas, para atuar com esses alunos (Nunes; Schmidt; Nunes Sobrinho, 2021). Tais conhecimentos deveriam envolver desde orientações sobre o processo avaliativo até opções de práticas pedagógicas variadas para lidar com as características mais específicas desse alunado no contexto escolar, tais como comunicação, interação social, problemas de comportamento, entre outras.

Porém, a literatura recente mostra que há uma carência muito grande desse tipo de conteúdo que seja acessível aos professores (Finatto; Schmidt, 2025; Roveda; Schmidt, 2025). Na ausência de um sólido conhecimento sobre as características dos alunos com TEA e as possibilidades de intervenção, os professores seguem com dificuldades em abordar as barreiras que impedem sua participação e aprendizagem escolares. Consequentemente, as práticas pedagógicas docentes utilizadas para apoiar esses alunos tendem a perseguir objetivos difusos e pouco pontuais, devido a uma avaliação insuficiente das demandas de aprendizagem, além de não serem apoiadas em práticas relatadas na literatura científica, incorrendo em grande chance de não resultar em ganhos positivos. Portanto, o objetivo deste capítulo é apresentar e discutir algumas pesquisas recentes sobre práticas pedagógicas com alunos com TEA.

## ENTENDENDO AS PERSPECTIVAS E OS DESAFIOS NA ESCOLARIZAÇÃO DE ALUNOS COM TEA

Inicialmente, é importante destacar o que há de específico e geral quando falamos na educação de alunos com autismo. O termo "espectro", que qualifica o autismo, indica que existe uma miríade de formas com que os sinais do transtorno podem se manifestar em cada pessoa (APA, 2023). A heterogeneidade é muito grande dentro do espectro, porém também há elementos em comum entre todos que recebem esse diagnóstico, sendo eles as dificuldades na comunicação social, verbal e não verbal, e na interação social (APA, 2023).

Alunos com TEA frequentemente têm dificuldades na linguagem social, utilizada quando precisam se comunicar com colegas ou professores (Azad; Marus; Mandell, 2021). O contato visual pode estar diminuído, em especial aquele chamado "olho no olho", fazendo com que pistas sociais importantes possam ser perdidas, quebrando assim a fluência da conversação recíproca (Roberts; Webster, 2022). Essas características tendem a contribuir sobremaneira para o isolamento social, reduzindo, como resultado, as perspectivas de engajamento em interações e atividades conjuntas, seja em sala de aula ou em outros ambientes escolares (Holmes, 2024).

Autores clássicos da área da educação já destacaram o quanto as interações sociais são importantes para o desenvolvimento cognitivo (Vygotsky, 2001), em que trocas entre pares ou com adultos podem ser particularmente importantes para as aprendizagens (Piaget, 1994). Portanto, as interações sociais estão diretamente ligadas às aprendizagens escolares, merecendo atenção dos docentes nas práticas do AEE.

Junto com essas dificuldades já conhecidas, naturalmente o aluno com TEA também apresentará pontos fortes, os quais podem auxiliar nos processos de interação social e aquisição de aprendizagens. Há uma corrente de pesquisas recentes que entende o autismo não do mesmo modo como os manuais médicos, enquanto um transtorno, mas como uma forma natural e valiosa da experiência humana, na qual a capacidade de desenvolvimento depende da correspondência entre as demandas do indivíduo e do seu contexto social (Glenn, 2021; Anderson-Chavarria, 2021). A partir desse modelo social da deficiência, os alunos com autismo não seriam comparados com outros dentro do espectro, em uma perspectiva de baixo a alto funcionamento, mas comparados individualmente a si mesmos. Esse conceito também apresenta implicações para as intervenções, chamadas abordagens baseadas em pontos fortes (do inglês *strenghts-based approaches*), que consideram prioritárias a identificação e a valorização das capacidades, dos interesses e das preferências desses alunos como forma de promover seu desenvolvimento (Lopez, 2009; McCashen, 2017).

Por meio desse prisma teórico, podemos identificar recursos a partir das mesmas características vistas outrora como dificuldades. O hiperfoco é um exemplo. Reconhecido inicialmente por Ivar Lovaas *et al.* (1971) como "hiperseletividade de estímulo", o hiperfoco se refere à capacidade que as pessoas com autismo têm de permanecer intensamente focadas em objetos ou eventos durante um longo período, fazendo com que os conheçam com alto nível de detalhamento. Tal característica, frequentemente presente nos alunos com TEA, pode ser avaliada como uma barreira que impede a participação quando o aluno não consegue se engajar em outras atividades sociais que não envolvam o foco exclusivo do seu interesse, como, por exemplo, falar sobre dinossauros. Por outro lado, esse conhecimento aprofundado pode ser visto como um recurso quando o professor propõe como prática pedagógica uma atividade de alfabetização que utilize, por exemplo, tipos e nomes de dinossauros na escrita. O tema atrai a atenção e tende a aumentar o engajamento do aluno. Porém, um alerta deve ser feito: ao usar demasiadamente o foco do aluno em todas as atividades, o professor pode vir a reforçar ainda mais os interesses restritos do aluno. Uma prática sugerida para escapar dessa situação pode ser a apresentação intercalada de temas de alto interesse com outras demandas diversas, mantendo o engajamento nas tarefas, porém sem se restringir exclusivamente a um tópico.

O mesmo pode ser dito sobre as habilidades de memória, musicais, matemáticas e artísticas que muitos educandos com autismo apresentam. Portanto, a avaliação do professor de educação especial deve dirigir-se a ambas as características do sujeito, contemplando tanto as áreas de dificuldade quanto as habilidades, visando ao desenvolvimento de práticas pedagógicas que estejam alinhadas à perspectiva de desenvolvimento desse aluno. Informações mais específicas sobre outros aspectos do perfil cognitivo que interferem na aprendizagem no TEA podem ser encontradas no Capítulo 2 - Perfil da linguagem e da comunicação no TEA: implicações para a aprendizagem.

## PRÁTICAS PEDAGÓGICAS COM ALUNOS COM TEA

A partir de uma breve revisão narrativa da literatura, encontramos diversas pesquisas sobre práticas pedagógicas desenvolvidas com alunos com autismo. Porém, muitas delas abordam o tema por meio de uma perspectiva meramente teórico-descritiva ou analítica, sendo a menor parte delas de natureza empírica. Observando esse corpo de estudos em pormenores, percebe-se que há uma escassez de publicações sobre intervenções com alunos com autismo desenvolvidas no/para o contexto escolar, prevalecendo evidências na área clínica em ambientes controlados (Martin *et al.*, 2021). Além disso, um número menor ainda de estudos utiliza delineamentos de pesquisa que permitem estabelecer relações causais entre a intervenção e seus resultados, dificultando a avaliação da eficácia da prática analisada (Finatto; Schmidt, 2025).

Assim, foram selecionadas quatro pesquisas da literatura nacional sobre práticas pedagógicas usadas com alunos com autismo para serem apresentadas e discutidas. Todas elas utilizaram delineamentos experimentais, mostrando o efeito da intervenção, sendo a prática pedagógica a variável independente e as habilidades dos alunos a variável dependente. Todas também foram desenvolvidas em escolas inclusivas ou em articulação com as residências das famílias, mas não em contextos clínicos controlados. Portanto, são pesquisas que atendem a um alto rigor metodológico e desenvolvidas em contextos da realidade brasileira – por isso plausíveis de implementação nas escolas.

A primeira delas foi publicada em 2021 e trata de uma modalidade de intervenção chamada intervenção mediada por pares (IMP) (Ramos *et al.*, 2021). A IMP pode ser definida como a "[...] situação em que uma criança, ou um grupo de crianças, que está próxima das crianças-alvo em termos de idade ou nível de desenvolvimento, é ensinada a realizar uma intervenção por instruções, sem a participação direta de um adulto" (Odom; Strain, 1984, p. 545, tradução nossa). Em outras palavras, o adulto (no caso da escola, o professor) orienta outros colegas do aluno com TEA sobre como mediar o desenvolvimento de habilidades acadêmicas ou sociais.

Um primeiro ponto a destacar é que a ausência do adulto na intervenção direta com o aluno é um diferencial dessa prática, colocando os colegas como protagonistas. Tal fato implica diversas outras questões, como a necessidade de o professor orientar a turma sobre as características dos alunos com TEA para que eles consigam auxiliar na mediação junto ao colega. Um dos princípios da educação inclusiva, fartamente documentado na literatura, reside na importância de as práticas pedagógicas incidirem sobre toda a turma, e não exclusivamente sobre o aluno com deficiência, no caso, com autismo (Cabral; Marin, 2017; Weinzenman; Pezzi; Zanon, 2020). Na ausência desse preceito, não é raro ouvirmos relatos de professores a respeito da dificuldade de "desenvolver atividades com toda a turma e mais para aquele aluno com autismo".

O segundo ponto interessante dessa intervenção é a primazia dada às interações sociais como precursoras das aprendizagens, conforme mencionado antes neste texto. A IMP se utiliza dos benefícios das interações sociais entre colegas que têm idade e níveis de desenvolvimento similares, as quais são definidas por Hartup (1989) como interações horizontais. Portanto, diferentemente das habilidades oriundas das interações verticais (adulto--criança), nas relações com os pares as crianças aprendem a dominar desde habilidades como colaboração, competição, resolução de conflitos, iniciativa e manutenção das trocas até a construção de relacionamentos subsequentes na vida adulta (Hartup; Moore, 1990).

Neste estudo de Ramos *et al.* (2021), participaram dois alunos com autismo matriculados nos anos iniciais do ensino fundamental, que foram apoiados diretamente por quatro colegas (pares) e indiretamente por uma professora de educação especial. A prática consistiu inicialmente em eleger uma habilidade-alvo a ser desenvolvida, no caso, o tempo de engajamento do aluno com TEA nas atividades escolares de sala de aula, e em seguida escolher dois colegas para acompanhar cada um dos alunos com autismo nas aulas. Antes de os colegas entrarem em sala para sentarem-se lado a lado com o colega com TEA e mediarem suas atividades, a professora de educação especial reuniu-se com eles na sala de recursos para orientá-los sobre estratégias que facilitassem o engajamento nas tarefas. Os encontros entre as duplas e os alunos com TEA foram filmados, sendo codificados os comportamentos mediadores dos pares e o tempo de engajamento ao longo de 6 meses. Além disso, atendendo a um alto rigor metodológico, o estudo ainda avaliou a fidelidade da intervenção, para verificar o quanto ela foi desenvolvida conforme o planejado, e a validade social, para checar o quanto os professores e pais consideram a intervenção útil, se as estratégias aplicadas foram viáveis no contexto escolar e se os efeitos percebidos são positivos para o aluno e sua inclusão social.

Os resultados foram apresentados com base na frequência dos comportamentos mediadores dos pares e na frequência de engajamento na tarefa dos alunos antes de eles começarem a receber orientações da professora de educação especial (fase de linha de base) em comparação com o momento em que passaram a ser orientados (fase de intervenção). O aumento das mediações dos pares foi acompanhado pelo aumento do tempo que o aluno com TEA permaneceu engajado na tarefa, mostrando que, quando os pares recebem orientação, eles conseguem sustentar a interação, apoiar as aprendizagens e auxiliar o colega com TEA a permanecer mais tempo em sala de aula.

Portanto, esse estudo mostra a importância de acionar a turma toda nas práticas pedagógicas com os alunos com TEA, minimizando a necessidade da participação direta e intensiva dos profissionais de apoio[1] ou do professor de sala de aula na mediação diária com esses alunos. Isso é importante porque a atuação dos profissionais de apoio tem sido bastante discutida recentemente na educação inclusiva, evidenciando que a falta de formação desses profissionais precariza o apoio que eles podem oferecer aos alunos com autismo (Lopes; Mendes, 2023). Nesse sentido, a IMP aproxima os alunos com TEA de seus colegas, como pode ser observado neste relato da diretora da escola, extraído da dissertação original de Ramos (2019, p. 86):

> [...] a gente viu que eles (crianças) conseguiram se entrosar com os outros... A gente vê a Maria[2] correndo no pátio com as outras crianças, vê de mão com as outras crianças juntas. O João [...] também teve um entrosamento maior. Isso antes da intervenção não acontecia.

Somado a esse relato, outra professora contou que, após a experiência da intervenção, o colega com autismo passou a ser convidado para festas e eventos externos à escola, experienciando relações de amizade que antes não ocorriam. Esse relato expande os objetivos iniciais perseguidos pelos autores, mostrando que a IMP apresenta potencial para favorecer, além das habilidades acadêmicas e sociais, aquilo que é referido na literatura internacional como um dos maiores desafios nas intervenções com alunos com TEA: desenvolver laços de amizade (Murphy; Burns; Kilbey, 2017).

O segundo estudo nacional apresentado neste capítulo com a finalidade de discussão das práticas pedagógicas foi publicado por Oliveira *et al.* em 2020, sobre intervenção implementada pelos pais e empoderamento parental no TEA. Nessa modalidade de intervenção, os pais são instruídos sobre como desenvolver habilidades nas áreas de comunicação social, conversação, linguagem espontânea, atenção compartilhada e interação no ambiente da sua casa com seus filhos (Meadan *et al.*, 2009). Similar à IMP, antes descrita, a intervenção implementada por pais (IIP) também é considerada uma prática baseada em evidências, ou seja, estudos rigorosos a replicaram com

---

[1] Profissional de apoio escolar deve ser entendido como sinônimo de acompanhante educacional especializado, cuja atuação é definida na Lei n° 12.764/2012 e na Lei n° 13.146/2015 como suporte à locomoção, higiene, alimentação e às demais necessidades diárias dentro do ambiente escolar.

[2] Maria e João foram os nomes fictícios dados aos participantes do estudo de Ramos (2019).

pessoas com TEA com diferentes idades, sempre mostrando ganhos importantes em áreas como a comunicação social (Steinbrenner *et al.*, 2020).

É importante destacar aqui que a participação dos pais junto à escola inclusiva de seu filho vem sendo repetidamente citada no ordenamento jurídico da educação especial brasileira (Brasil, 2008, [2020]). Isso porque, contrariando as ideias que vigoravam da década de 1970, de que a participação parental seria nociva para o autismo de seu filho, atualmente há evidências suficientes de que os pais, recebendo uma formação adequada, podem auxiliar substancialmente no desenvolvimento de habilidades de seu filho (Tan-MacNeill *et al.*, 2021). Portanto, uma intervenção que seja desenvolvida pelos pais, dentro do ambiente familiar, pode complementar os ganhos desenvolvidos na escola, aproximando os dois contextos.

O estudo de Oliveira *et al.* (2020) foi realizado com uma família composta por pai, mãe e seu filho pequeno com autismo para desenvolver suas habilidades sociocomunicativas, priorizando estratégias focadas nos marcos desenvolvimentais precursores da linguagem, como a atenção compartilhada (Charman, 2003). Ao longo de 3 meses, os pais foram orientados a brincar com seu filho em um local de sua residência enriquecido com brinquedos e atividades do seu interesse. Os resultados mostraram que a mãe aumentou a frequência de comportamentos que estimulavam a atenção compartilhada do filho (p. ex., comentários sobre o brincar, expansão dos tópicos da brincadeira, etc.), ao mesmo tempo em que o filho aumentou a frequência de respostas a esses comportamentos maternos (p. ex., resposta com balbucio, direcionamento do olhar para a face da mãe, etc.).

Porém, tal estudo não foi desenvolvido e implementado no contexto da escola. Além disso, ao observar os estudos sobre IIP listados no relatório de práticas baseadas em evidências do National Clearinghouse on Autism Evidence and Practice (NCAEP) (Maenner *et al.*, 2023), vemos que nenhum deles desenvolveu essa intervenção no contexto escolar, motivo pelo qual a IIP não pode ser considerada uma prática pedagógica escolar.

Por essa razão, a autora desenvolveu um segundo estudo na mesma perspectiva, decorrente do primeiro, porém realizado dentro de uma escola, em que as orientações aos pais na IIP foram dadas pela professora de educação especial (Oliveira, 2023). Dessa vez, o estudo contou com a participação de três famílias, com seus filhos com autismo com idades entre 3 e 6 anos que frequentavam a educação infantil daquela escola. A professora que orientou os pais recebeu uma formação sobre como desenvolver as etapas e perseguir os objetivos usando a IIP, sendo considerada apta a desenvolver a implementação da intervenção de forma autônoma. A professora se reuniu com cada família ao longo de 28 encontros semanais de uma hora e 30 minutos, observando antes os vídeos que os pais traziam, para então pensar as estratégias personalizadas em conjunto com eles.

Ao final da intervenção dos pais, os resultados mostraram que houve um aumento da frequência das habilidades sociocomunicativas dos três alunos participantes, tais como responder com palavras, fazer comentários exclamativos, apontar, imitar, sorrir, expressar perguntas, entre outras. Novamente, os resultados superaram os objetivos iniciais. Nas entrevistas que avaliavam a validade social do estudo, uma das mães relatou: "*O projeto em si me conectou com minha filha e, devido a essa conexão, a vida melhorou em todos os aspectos, tanto para mim quanto para minha filha*" (Oliveira, 2023, p. 117).

Portanto, no contexto da análise das práticas pedagógicas com alunos com TEA, a IPP se mostrou viável para implementação em escolas da realidade brasileira, tendo sido testada empiricamente. Uma das limitações à sua implementação em larga escala, todavia, seria a demanda dos professores por uma formação que os capacitasse a desenvolver a IIP de forma autônoma na escola, tal como foi realizado na pesquisa relatada. Porém, essa demanda não é uma limitação específica da IIP; ela se estende a todas as práticas pedagógicas para alunos com autismo a serem desenvolvidas em escolas. Já os benefícios estendem-se desde a aproximação entre os contextos familiar e escolar, previstos como demanda nas políticas públicas, até o empoderamento das famílias, que podem passar a duplicar o tempo que seus filhos participam de uma intervenção, e com isso a magnitude dos ganhos dela decorrentes.

Outra pesquisa sobre prática pedagógica desenvolvida em articulação com as residências das famílias foi a de Müller, Nunes e Schmidt (2023). Embora o artigo tenha sido publicado exclusivamente em inglês, em um periódico internacional, ela foi realizada com amostra brasileira na realidade nacional. O texto aborda a implementação de um protocolo de intervenção utilizando os princípios da leitura dialógica (LD) com crianças com e sem autismo.

A LD é um programa interativo de leitura que tem demonstrado resultados significativos no desenvolvimento da linguagem, na compreensão de leitura e nas habilidades cognitivas em crianças pequenas (Whitehurst *et al.*, 1988). O protocolo da LD inclui uma série de perguntas que o adulto leitor faz à criança durante a leitura para que ela complete frases, relembre cenas da história ou descreva os fatos que estão sendo lidos, participando ativamente da atividade. O protocolo RECALL (*Reading to Engage Children with Autism in Language and Learning - Ler para Engajar Crianças com Autismo na Linguagem e na Aprendizagem*, em tradução livre) veio complementar a LD, acrescendo estratégias de ensino específicas, respaldadas pela literatura científica, necessárias para que as crianças com autismo se engajem na história, compreendam o enredo e respondam às perguntas (Whalon *et al.*, 2015). Por exemplo, o uso de cartões (suporte visual) com opções de respostas é uma das pistas trazidas pelo RECALL para ajudar a criança a responder, tendo em vista a dificuldade das pessoas com TEA exclusivamente com a compreensão da linguagem verbal (Febriantini; Fitriati; Oktaviani, 2021).

De acordo com o protocolo, os apoios são utilizados obedecendo ao sistema de hierarquia de dicas (Bosley *et al.*, 2024); ou seja, frente a uma pergunta não respondida pela criança, são apresentadas três opções de resposta na forma de suportes visuais, aumentando o nível de apoio. Caso a criança escolha o cartão errado como resposta, esse é retirado, sobrando apenas outras duas opções, e assim por diante até que a criança acerte ou sobre apenas uma opção. Essa retirada gradual de apoios para minimização do suporte é uma prática amplamente respaldada na literatura, chamada de hierarquia de *prompts* do mais para o menos (*Most-to-Least hierarchy prompting*) (Leaf *et al.*, 2016).

Nesse estudo de Müller, Nunes e Schmidt (2023), o protocolo RECALL foi utilizado com duas díades compostas pelas mães e seus filhos, sendo uma com TEA e a outra sem. Foi realizada a LD apoiada por suportes para ambos, duas vezes por semana. Os resultados mostraram que ambas as crianças demonstraram um aumento nas interações comunicativas, sendo tal efeito mais notável na criança com desenvolvimento típico. Além disso, as mães aprenderam a usar estratégias de LD após o treinamento, com um efeito significativo na sua aplicação.

Um ponto interessante desse estudo é que se trata de uma intervenção que ocorre na forma de contação de histórias, no caso, entre mães e seus filhos. Ao buscar analisar práticas pedagógicas articuladas às escolas, percebe-se que a contação de histórias já é uma prática pedagógica corrente nas escolas brasileiras, especialmente na educação infantil. Porém, não costuma ser realizada seguindo os protocolos da LD, contando menos ainda com suportes para alunos com TEA. Entretanto, se no caso dessa pesquisa os resultados mostraram que as mães aprenderam a utilizar as estratégias do programa com sucesso, parece razoável pensar que os professores também conseguiriam o mesmo efeito na escola, com seus alunos da educação infantil. Pensando na articulação entre escola e família, essa poderia se constituir em uma prática pedagógica desenvolvida em ambos os contextos, tendo já sido validada empiricamente nas residências.

## CONSIDERAÇÕES FINAIS

Este capítulo buscou analisar algumas práticas pedagógicas que abordam as dificuldades comuns a pessoas com autismo, como aquelas de comunicação e interação social. A partir de uma revisão narrativa da literatura, quatro intervenções desenvolvidas em escolas, ou em articulação com elas, foram apresentadas e discutidas.

Observou-se que há pesquisas nacionais utilizando desenhos experimentais capazes de estabelecer uma relação de causa e efeito entre as práticas pedagógicas e seus objetivos, mostrando resultados de sua eficácia. Porém, em termos de evidências, estas podem ser consideradas incipientes, ficando constatada a necessidade de uma produção muito maior desse tipo de pesquisa no sentido de oferecer subsídio aos professores para atuar com seus alunos com TEA nas escolas.

Entre as práticas, destacam-se estratégias que usam agentes de intervenção indiretos, que não os professores. A IMP se vale da mediação dos colegas do aluno com autismo, enquanto a IIP e a LD têm como interventores os próprios pais das crianças com autismo. Com isso, abre-se um leque de oportunidades para que as escolas tenham acesso e se apropriem desse conhecimento para enriquecer as possibilidades de práticas pedagógicas com respaldo científico a serem utilizadas na educação dos alunos com autismo.

## REFERÊNCIAS

AMERICAN PSYCHIATRIC ASSOCIATION (APA). *Manual diagnóstico e estatístico de transtornos mentais*: DSM-5-TR. 5. ed. rev. Porto Alegre: Artmed, 2023.

ANDERSON-CHAVARRIA, M. The autism predicament: models of autism and their impact on autistic identity. *Disability & Society*, v. 37, n. 8, p. 1321-1341, 2021.

AZAD, G. F.; MARCUS, S. C.; MANDELL, D. S. Partners in school: optimizing communication between parents and teachers of children with autism spectrum disorder. *Journal of Educational and Psychological Consultation,* v. 31, n. 4, p. 438-462, 2021.

BOSLEY, R. *et al.* RECALL prompting hierarchy improves responsiveness for autistic children and children with language delay: a single-case design study. *Frontiers in Psychology,* v. 15, article 1435688, 2024.

BRASIL. *Decreto nº 7.611, de 17 de novembro de 2011.* Dispõe sobre a educação especial e o atendimento educacional especializado. Brasília: Presidência da República, [2022]. Disponível em: https://www.planalto.gov.br/ccivil_03/_ato2011-2014/2011/decreto/d7611.htm. Acesso em: 10 abr. 2025.

BRASIL. *Lei nº 12.764, de 27 de dezembro de 2012.* Institui a Política Nacional de Proteção dos Direitos da Pessoa com Transtorno do Espectro Autista e altera o § 3º do art. 98 da Lei nº 8.112, de 11 de dezembro de 1990. Brasília: Presidência da República, [2020]. Disponível em: https://www.planalto.gov.br/ccivil_03/_ato2011-2014/2012/lei/l12764.htm. Acesso em: 10 abr. 2025.

BRASIL. Ministério da Educação. *Política nacional de educação especial na perspectiva da educação inclusiva.* Brasília: MEC, 2008. Disponível em: http://portal.mec.gov.br/arquivos/pdf/politicaeducespecial.pdf. Acesso em: 10 abr. 2025.

CABRAL, C. S.; MARIN, A. H. Inclusão escolar de crianças com transtorno do espectro autista: uma revisão sistemática da literatura. *Educação em Revista,* n. 33, artigo e142079, 2017.

CHARMAN, T. Why is joint attention a pivotal skill in autism? *Philosophical Transactions of the Royal Society of London:* Series B: Biological Sciences, v. 358, n. 1430, p. 315-324, 2003.

FEBRIANTINI, W. A.; FITRIATI, R.; OKTAVIANI, L. An analysis of verbal and non-verbal communication in autistic children. *Journal of Research on Language Education,* v. 2, n. 1, p. 53-56, 2021.

FINATTO, M.; SCHMIDT, C. Práticas pedagógicas para alunos com autismo: uma análise à luz das práticas baseadas em evidências. *Práxis Educacional,* v. 21, n. 52, artigo e13618-e13618, 2025.

HARTUP, W. W; MOORE, S. G. Early peer relations: developmental significance and prognostic implications. *Early childhood research quarterly,* v. 5, n. 1, p. 1-17, 1990.

GLENN, D. Neuroqueer heresies: notes on the neurodiversity paradigm, autistic empowerment, and postnormal possibilities. *World Futures,* v. 78, n. 5, p. 339-341, 2022. Book review of WALKER, N. *Neuroqueer heresies:* notes on the neurodiversity paradigm, autistic empowerment, and postnormal possibilities. Fort Worth: Autonomous, 2021

GONÇALVES, L. M. S. *et al.* A formação de professores para a inclusão de alunos com autismo: desafios e oportunidades. *Revista Ibero-Americana de Humanidades, Ciências e Educação,* v. 10, n. 10, p. 4484-4500, 2024.

HARTUP, W. W. Social relationships and their developmental significance. *American Psychologist,* v. 44, n. 2, p. 120-126, 1989.

HOLMES, S. C. Inclusion, autism spectrum, students' experiences. *International Journal of Developmental Disabilities,* v. 70, n. 1, p. 59-73, 2024.

LEAF, J. B. *et al.* Comparison of most-to-least prompting to flexible prompt fading for children with autism spectrum disorder. *Exceptionality,* v. 24, n. 2, p. 109-122, 2016.

LOPES, M. M.; MENDES, E. G. Profissionais de apoio à inclusão escolar: quem são e o que fazem esses novos atores no cenário educacional? *Revista Brasileira de Educação,* v. 28, artigo e280081, 2023.

LOPEZ, S. J.; LOUIS, M. C. The principles of strengths-based education. *Journal of College Character,* v. 10, n. 4, 2009.

LOVAAS, O. I. *et al.* Selective responding by autistic children to multiple sensory input. *Journal of Abnormal Psychology,* v. 77, n. 3, p. 211-222, 1971.

MAENNER, M. J. *et al.* Prevalence and characteristics of autism spectrum disorder among children aged 8 years: autism and developmental disabilities monitoring network, 11 Sites, United States, 2020. *MMWR Surveillance Summaries,* v. 72, n. 2, p. 1-14, 2023.

MARTIN, R. J. *et al.* A descriptive analysis of evidence-based interventions for students with autism spectrum disorders. *Contemporary School Psychology,* v. 25, n. 1, p. 75-85, 2021.

MCCASHEN, W. *The strengths approach: a strengths-based resource for sharing power and creating change.* 2. ed. Victoria: St. Luke's Innovative Resources, 2017.

MEADAN, H. *et al.* Promoting the social and communicative behavior of young children with autism spectrum disorders: A review of parent-implemented intervention studies. *Topics in Early Childhood Special Education,* v. 29, n. 2, p. 90-104, 2009.

MÜLLER, K. F.; NUNES, D. R. P.; SCHMIDT, C. Caregiver implemented dialogic reading: impact on children with and without autism in Brazil. *International Journal of Special Education*, v. 38, n. 1, p. 47-57, 2023.

MURPHY, M.; BURNS, J.; KILBEY, E. Using personal construct methodology to explore relationships with adolescents with autism spectrum disorder. *Research in Developmental Disabilities, v. 70*, p. 22-32, 2017.

NUNES, D.; SCHMIDT, C.; NUNES SOBRINHO, F. P. Autism spectrum disorder (ASD): from public policies to evidence-based practices. *Education Policy Analysis Archives, v. 29*, n. 77, 2021.

ODOM, S. L.; STRAIN, P. S. Peer-mediated approaches to promoting children's social interaction: a review. *American Journal of Orthopsychiatry*, v. 54, n. 4, p. 544-557, 1984.

OLIVEIRA, J. J. M. *A influência da intervenção implementada por pais sobre as habilidades sociocomunicativas de crianças com Transtorno do Espectro Autista:* uma abordagem formativa e centrada na família. Tese (Doutorado em Educação) – Universidade Federal de Santa Maria, Santa Maria, 2023.

OLIVEIRA, J. J. M.; SCHMIDT, C.; PENDEZA, D. P. Intervenção implementada pelos pais e empoderamento parental no Transtorno do Espectro Autista. *Psicologia Escolar e Educacional*, v. 24, artigo e218432, 2020.

PIAGET, J. *O julgamento moral na criança*. São Paulo: Summus, 1994.

RAMOS, F. S. *Transtorno do espectro autista e intervenção mediada por pares*: aprendizagem no contexto de inclusão. Tese (Doutorado em Educação) – Centro de Educação, Universidade Federal de Santa Maria, Santa Maria, 2019.

RAMOS, F. S. *et al.* Intervenção mediada por pares no engajamento acadêmico de alunos com autismo. *Revista Brasileira de Educação Especial*, v. 27, p. 759-776, 2021.

ROBERTS, J.; WEBSTER, A. Including students with autism in schools: a whole school approach to improve outcomes for students with autism. *International Journal of Inclusive Education*, v. 26, n. 7, p. 701-718, 2022.

ROVEDA, A. A. O.; SCHMIDT, C. Avaliação de alunos com autismo na Educação Inclusiva: estado da arte. *Revista Educação Especial*, v. 38, n. 1, p. e3/1-16, 2025.

STEINBRENNER, J. R. *et al. Evidence-based practices for children, youth, and young adults with Autism*. Chapel Hill: The University of North Carolina: Frank Porter Graham Child Development Institute: National Clearinghouse on Autism Evidence and Practice Review Team, 2020.

TAN-MACNEILL, K. M. *et al.* A systematic review of online parent-implemented interventions for children with neurodevelopmental disorders. *Children's Health Care*, v. 50, n. 3, p. 239-277, 2021.

VYGOTSKY, L. S. *A construção do pensamento e da linguagem:* as raízes genéticas do pensamento e da linguagem. São Paulo: Martins Fontes, 2001.

WEIZENMANN, L. S.; PEZZI, F. A. S.; ZANON, R. B. Inclusão escolar e autismo: sentimentos e práticas docentes. *Psicologia Escolar e Educacional*, v. 24, artigo e217841, 2020.

WHALON, K. *et al.* The impact of reading to engage children with autism in language and learning (RECALL). *Topics in Early Childhood Special Education*, v. 35, n. 2, p. 102-115, 2015.

WHITEHURST, G. J. *et al.* Accelerating language development through picture book reading. *Developmental Psychology, v. 24, n.* 4, p. 552-559, 1988.

## LEITURA RECOMENDADA

BRASIL. *Lei nº 13.146, de 6 de julho de 2015.* Institui a Lei Brasileira de Inclusão da Pessoa com Deficiência (Estatuto da Pessoa com Deficiência). Brasília: Presidência da República, 2024. Disponível em: https://www.planalto.gov.br/ccivil_03/_Ato2015-2018/2015/Lei/L13146.htm. Acesso em: 10 abr. 2025.

# 4

# Interação social e brincadeira na educação infantil: planejando a prática dos professores

Juliana dos Santos Martins

Renata Oliveira Crespo

Síglia Pimentel Höher Camargo

## O BRINCAR COMO ESTRATÉGIA PEDAGÓGICA NA EDUCAÇÃO INFANTIL

A educação infantil, como direito constitucional da criança, vem sendo reconhecida no Brasil, de forma pioneira, pela Constituição Federal de 1988, a qual dispõe que é dever do Estado a garantia desse atendimento em creches e pré-escolas para crianças de 0 a 5 anos. Essa garantia também está prevista no *Estatuto da Criança e do Adolescente* (ECA) (Brasil, [2024]) e na *Lei de Diretrizes e Bases da Educação Nacional* (LDB) (Brasil, [2009]).

Tais marcos regulatórios demonstram que, ao longo dos anos, essa etapa vem sendo percebida como essencial para o desenvolvimento de qualidade da primeira infância, superando – ou pelo menos tentando superar – a concepção assistencialista e discriminatória que prevalecia anteriormente. Assistencialista quando, sem a pretensão pedagógica ou educacional, era oferecida para as crianças mais vulneráveis ou da classe operária, com objetivo do cuidado e zelo pela alimentação, higiene e segurança, e discriminatória, pois o caráter educacional era destinado somente para as crianças de famílias nobres da sociedade (Oliveira, 2011).

Os documentos mais recentes que tratam do trabalho a ser desenvolvido na educação infantil, como as *Diretrizes Curriculares Nacionais para a Educação Infantil* (DCNEI) (Brasil, 2013) e a própria *Base Nacional Comum*

*Curricular* (BNCC) (Brasil, [2017]), revelam a indissociação entre o cuidar e o educar, de forma complementar um ao outro.

O *cuidar* não está somente nos momentos de higiene, alimentação e locomoção, mas perpassa toda a rotina da educação infantil, em que o profissional precisa cuidar e zelar pela criança e por suas necessidades enquanto ela estiver envolvida em alguma proposta, no uso dos brinquedos e materiais, no acolhimento e na paciência quando chega à escola, nos instantes de frustração, no tempo de descanso e em tantos outros momentos necessários para que o ambiente seja acolhedor, seguro e motivador para a criança.

O mesmo ocorre com o *educar*, indo muito além de propostas dirigidas e estruturadas em cada ação e mediação dos professores com a criança, na intencionalidade de promover a autonomia, a participação, a confiança, o autoconhecimento, o conhecimento de mundo, etc. (Brasil, 2013, [2017]).

Essa concepção fomenta um trabalho que considera a criança na sua integralidade, promovendo seu desenvolvimento dos aspectos físicos, emocionais, cognitivos e sociais. Além disso, as DCNEI orientam que a base de trabalho na educação infantil tenha como eixos norteadores as brincadeiras e as interações, sendo um espaço que amplie as experiências e construções da criança, por meio de uma diversidade de materiais, propostas, linguagens, contextos e pessoas (Brasil, 2013, [2017]).

O *brincar* surge como um direito da criança no ECA e como um dos direitos de aprendizagem e desenvolvimento propostos pela BNCC: conviver, brincar, participar, explorar, expressar e conhecer-se (Brasil, [2017], [2024]). Nessa posição de direito, o brincar precisa estar constantemente presente nas propostas da educação infantil e, para que isso ocorra, precisa ter intencionalidade pedagógica, ao ser planejado, oportunizado, avaliado e reestruturado. O professor é o sujeito que contribui no brincar, por meio da mediação, proposição, observação e colaboração nas relações da criança com a brincadeira (Brasil, 2013, [2017]).

Brougère (2001), um dos grandes estudiosos da área, cita que a brincadeira é um processo subordinado ao contexto em que a criança está inserida, ou seja, uma ação aprendida a partir das vivências e dos sujeitos com quem a criança se relaciona. Por meio das brincadeiras, a criança expressa a forma como percebe o mundo ao seu redor, simboliza cenas cotidianas e dá significado aos materiais, sujeitos e espaços que compõem essa ação. Durante uma brincadeira, é possível que a imaginação, a curiosidade, a resolução de problemas, o pensamento, a linguagem e tantas outras áreas do desenvolvimento estejam em constante movimento e ação (Brasil, 2013; Albuquerque; Benitez, 2020).

Por isso, a brincadeira é uma prática que provavelmente permitirá a aprendizagem, pois nesse processo de brincar diversas habilidades que a criança já tem estão envolvidas, se ampliam e se transformam à medida que o professor oferece oportunidades para potencializar esses momentos. No entanto, por si só, a brincadeira nem sempre pode ser educativa e construtiva de aprendizagens. Para isso, faz-se fundamental a ação pedagógica intencional do professor (Brougère, 2001; Navarro; Prodócimo, 2012; Oliveira, 2011; Brasil, [2017]).

Considerando que o brincar é um direito de todas as crianças e uma estratégia pedagógica que impulsiona e amplia diversas habilidades, evidencia-se sua importância para o desenvolvimento de crianças com transtorno do espectro autista (TEA). Da mesma forma que o brincar precisa ser planejado e estruturado para crianças com desenvolvimento típico, o mesmo deve ocorrer para crianças com TEA, uma vez que podem apresentar maiores desafios para se engajar nessas propostas, em razão das dificuldades sociais, comunicativas e comportamentais que compõem o quadro de características do transtorno.

Albuquerque e Benitez (2020) reafirmam a necessidade de intervenções dos adultos e profissionais para que crianças com TEA possam experienciar situações de brincadeiras, pois alguns indivíduos dentro do espectro podem limitar seu brincar a formas estereotipadas e repetitivas, sem dar funcionalidade aos brinquedos, e com déficits interativos junto aos seus pares.

Em uma revisão sobre a produção nacional da temática do brincar e TEA, os autores supracitados afirmam que as crianças com TEA aprendem a brincar com maior funcionalidade e interação desde que o ambiente forneça condições para que isso ocorra (Albuquerque; Benitez, 2020). Eles também mostram a fragilidade, em termos metodológicos e conceituais, dos três artigos encontrados sobre o assunto, pelo fato de não trazerem definição operacional sobre o brincar nas intervenções que produziram, nem sobre a descrição das estratégias e mediações utilizadas, o que impede a replicação do estudo em outros contextos e com outros participantes.

Vale destacar que somente três artigos foram analisados por esses autores, sendo dois da área da psicologia e um da área da educação, o que evidencia a escassez de produção nacional sobre o brincar de crianças com TEA, especialmente em contextos inclusivos (Albuquerque; Benitez, 2020).

Em síntese, os três estudos encontrados buscaram analisar os aspectos do brincar simbólico, as interações sociais e a manipulação dos brinquedos por crianças com TEA, apresentando como resultados baixos índices de comunicação verbal durante as brincadeiras, um repertório limitado em brincadeiras simbólicas, pouco compartilhamento de brinquedos, uso de brinquedos de forma repetitiva e a importância do adulto como mediador de relações sociais entre as crianças com TEA e seus pares (Albuquerque; Benitez, 2020).

Mais recentemente, Almeida, Guedes e Criado (2023) realizaram outro estudo com vistas a analisar a produção nacional a respeito do brincar de crianças com TEA, verificando quais áreas do desenvolvimento estão sendo trabalhadas, assim como os sujeitos e contextos em que o brincar ocorre. A partir de uma pesquisa bibliográfica, os autores analisaram 11 estudos que tratam do brincar de crianças com TEA, sendo que somente um deles foi implementado exclusivamente em contexto escolar, com predominância dos contextos clínicos e realizados por profissionais da área da saúde, como terapia ocupacional, fonoaudiologia e psicologia.

Almeida, Guedes e Criado (2023) sinalizam que os estudos que tratavam de intervenção encontrados na revisão utilizaram o brincar para desenvolver diversas habilidades nas crianças com TEA, como comunicação, interação social, uso funcional de brinquedos, tempo de engajamento, diminuição de comportamentos disruptivos e imitação. No caso dos estudos encontrados na revisão de Almeida, Guedes e Criado (2023), as intervenções não tinham como alvo o ensino do brincar, mas desenvolver as habilidades citadas acima a partir dele.

O artigo reforça a importância de trabalhar o brincar nas crianças com TEA como prática essencial para estimular a criatividade, a imaginação e a compreensão de mundo. Ao mesmo tempo, também indica que o TEA pode interferir na forma como essas crianças se relacionam com as brincadeiras e os brinquedos, devido à dificuldade em participar de experiências lúdicas, à presença de comportamentos repetitivos e restritos, à complexidade na comunicação, à tendência ao isolamento social, a questões sensoriais e até mesmo ao impasse dos adultos em mediar tal prática junto às crianças com TEA (Almeida; Guedes; Criado, 2023). Isso mostra que, na ausência de estímulos, a longo prazo, essas dificuldades tendem a perdurar e se intensificar na vida de indivíduos com TEA, impactando significativamente sua qualidade de vida, bem como a de seus familiares e cuidadores.

Sendo assim, ficam evidentes a importância e o impacto positivo que o brincar pode ter no desenvolvimento de crianças com ou sem deficiências, assumindo um protagonismo frente às práticas pedagógicas na primeira infância, reconhecido em diversas diretrizes e legislações. Contrariando ideias e práticas do passado, em que o brincar era visto apenas como algo relacionado à recreação e distração, não há dúvidas de que é por meio do brincar que a aprendizagem se torna motivadora, atraente, prazerosa, com maior sentido e significado para as crianças.

Contudo, é necessário empreender esforços para fomentar e subsidiar os professores a construírem ambientes e ações que propiciem oportunidades para que o brincar ocorra entre as crianças, sobretudo as crianças com TEA, respeitando suas individualidades e estimulando o brincar em diversos contextos, com diferentes materiais, pessoas e, principalmente, entre seus pares.

## A BRINCADEIRA COMO PROMOTORA DE INTERAÇÃO SOCIAL ENTRE OS PARES

O desenvolvimento das habilidades sociais na infância está associado à qualidade de vida e ao bom desempenho tanto acadêmico quanto pessoal na vida adulta (Lacunza, 2012). Para que esse desenvolvimento seja pleno, a criança deve experimentar relações verticais (com adultos) por meio das quais serão desenvolvidas as habilidades básicas com proteção e segurança, até que a criança possa utilizá-las com autonomia. Há também as relações horizontais (com os pares), nas quais destacam-se a reciprocidade e igualdade nas expectativas, dado que os indivíduos se encontram em um grau mais ou menos equivalente de desenvolvimento (Hartup, 1989). Nestas últimas, principalmente por meio da brincadeira, a criança experimenta situações nas quais precisará negociar, cooperar, compreender o que esperam dela e demonstrar claramente o que ela espera dos pares (Camargo; Bosa, 2012).

Nesse contexto, as relações estabelecidas horizontalmente são fundamentais no desenvolvimento das habilidades sociais das crianças, e elas tendem a acontecer com facilidade para crianças com desenvolvimento típico que, ao expandir sua convivência para contextos sociais mais amplos que o núcleo familiar, naturalmente passam a se interessar por outras crianças da mesma idade para interagir e brincar. Para muitas delas, esse momento também coincide com sua entrada na escola, na educação infantil, a qual ganha uma função primordial em suas vidas ao fomentar a brincadeira entre os pares como prática pedagógica promotora de aprendizagem e desenvolvimento.

No entanto, crianças com TEA muitas vezes precisam de suporte para conseguir participar dessas interações, sobretudo em ambientes naturalísticos, como brincadeiras livres, nas quais podem ter dificuldade de compreender o que se espera delas e, consequentemente, perder oportunidades de interação (Bosa, 2002).

Crianças com TEA podem apresentar problemas em relação à atenção compartilhada – habilidade em coordenar sua atenção para compartilhar situações com outras pessoas – assim como e demonstrar hiperfoco no objeto, tendo dificuldade em atribuir-lhe um significado. A atenção compartilhada baseia-se na intencionalidade da criança, incluindo gestos como apontar, mostrar objetos e alternar olhares entre o objeto e o parceiro (Zanon; Backes; Bosa, 2015). Muitas vezes, por exemplo, a criança pode interessar-se por um brinquedo, mas o pega (sem pedir ao colega) e fica apenas manipulando o objeto, sem conseguir criar uma brincadeira que permita aos pares participarem da atividade. Tais dificuldades – de iniciar, responder e manter interações sociais recíprocas com os colegas – podem levar essas crianças a um isolamento em sala de aula (Brasileiro; Pereira, 2018). Entretanto, essas mesmas crianças apresentam ganhos significativos nas habilidades sociais quando são ensinadas e passam a compreender como brincar adequadamente. Nesse aspecto, as pesquisas evidenciam que a utilização dos próprios colegas como modelos tem sido bastante positiva (Crespo, 2020; Hu; Zheng; Lee, 2018; Dueñas; D'Agostino; Plavnick, 2021).

As brincadeiras em sala de aula têm um potencial enorme no desenvolvimento das habilidades sociais de crianças com TEA. Quando a pessoa com TEA compreende o que é esperado dela durante a brincadeira, sua participação torna-se mais efetiva; todavia, em muitos casos, a criança precisa de um modelo para compreender os comportamentos adequados. Convidar para brincar, pedir um brinquedo emprestado e/ou devolvê-lo para que outro colega também possa utilizá-lo são atitudes que podem ser desafiadoras para pessoas com TEA. Práticas baseadas em evidências como a intervenção mediada por pares (IMP), a videomodelação, a utilização de *scripts* e dicas visuais têm se mostrado ferramentas importantes no desenvolvimento dessas habilidades (Hu; Zheng; Lee, 2018; Crespo, 2020; Dueñas; D'Agostino; Plavnick, 2021).

Tais estratégias, especialmente a IMP,[1] têm se mostrado efetivas no ambiente escolar e contribuem para que os colegas se tornem mais receptivos ao aluno com TEA, já que este ainda se encontra em processo de aquisição das habilidades básicas para brincar de forma adequada e, nesse caso, raramente procurará a interação com os colegas, pois não sabe como iniciá-la. Já aqueles estudantes com déficits de fluência nas habilidades sociais em geral procuram os pares, porém de forma inadequada, gerando a rejeição dos colegas às suas iniciativas para interagir (Del Prette; Del Prette, 2017). Nesse sentido, Brasileiro e Pereira (2018) enfatizam o quanto é fundamental que as tentativas da criança com TEA sejam reforçadas positivamente pelos pares com atenção e respostas às suas iniciativas.

No estudo de Crespo (2020), um dos participantes apresentava grande resistência em brincar com os pares e comportamentos muito restritos. Durante uma IMP, a criança passou a brincar com os colegas e compartilhar brinquedos, inclusive atribuindo-lhes significado simbólico. A autora apresentou também o caso de outra criança que demonstrava interesse em interagir com os colegas; no entanto, não tinha repertório suficiente para tal. Ao mostrar um brinquedo, o aluno não conseguia expressar sua intenção ou chamar os colegas e, com isso, não havia reciprocidade. Ao receber a IMP, o participante demonstrou grande avanço, desenvolvendo repertório de habilidades sociais suficiente para iniciar e/ou manter interações com os colegas, deixando de apenas mostrar o quebra-cabeça para pedir ajuda em sua montagem. Além disso, passou a participar ativamente de brincadeiras com os colegas, imitando, chamando os pares e pedindo ajuda quando necessário. Estratégias como essas contribuem para que a pessoa com TEA crie vínculo com os colegas, estabelecendo relações significativas, diminuindo o isolamento e a dependência de professores e cuidadores (Camargo *et al.*, 2016).

Além disso, crianças com TEA podem apresentar hiperfoco no brinquedo em si, sem utilizá-lo em uma brincadeira mais elaborada (Martins; Góes, 2013). Esse foco no objeto, ainda que possa parecer um obstáculo, pode e deve ser usado como uma maneira de estimulá-las. Crespo (2020) utilizou o personagem favorito de uma criança para que ela se mantivesse mais tempo na atividade com seus colegas. Até então, ela apresentava

[1] A IMP consiste no estímulo aos pares com desenvolvimento típico para que possam ser modelos ou suporte em habilidades a serem desenvolvidas pelos colegas com autismo (Platos; Wojaczek, 2018).

resistência em ficar à mesa com os pares realizando a atividade, porém, ao identificar que o brinquedo formava seu personagem favorito, passou a ficar um tempo maior na atividade, interagir mais com os colegas e demonstrar um repertório maior de interações, incluindo habilidades relacionadas à atenção compartilhada.

É importante ressaltar que, assim como as dificuldades apresentadas pelas pessoas com TEA, o processo de aprendizagem dessas habilidades não se dará de forma igual e no mesmo ritmo para todas as crianças com o transtorno. Hu, Zheng e Lee (2018) utilizaram a IMP, usando brincadeiras com blocos de construção, com o objetivo de desenvolver as habilidades sociais de crianças com TEA na pré-escola. Ainda que o resultado tenha sido positivo para todos os participantes, observou-se que nem todos conseguiram desenvolver a comunicação verbal ao longo da intervenção, o que sugere a necessidade de expô-los a estímulos mais prolongados para essa habilidade específica. Os autores também identificaram que atividades mais estruturadas facilitaram a participação de crianças com TEA, corroborando os achados de Camargo e Bosa (2012) e Sanini, Sifuentes e Bosa (2013) de que, ao compreender o que é esperado com a mediação do professor, o aprendiz consegue desempenhar a habilidade com maior sucesso, o que é fundamental ao longo da fase de aquisição da habilidade.

No estudo de Hu, Zheng e Lee (2018), os participantes com TEA e seus pares se revezavam entre os papéis de engenheiro, fornecedor de material e pedreiro. Ao assumir esses papéis, as crianças com TEA experimentaram um aumento no número de iniciativas de interação social, resultado que vai ao encontro da perspectiva de que elas conseguem desenvolver e utilizar um maior repertório interativo após adquirirem as habilidades necessárias e encontrarem um ambiente estimulante e receptivo às suas tentativas. Tal resultado reforça também o papel da intencionalidade pedagógica da brincadeira proposta, desenvolvendo uma atividade que crie inúmeras oportunidades de a criança praticar a habilidade que está em processo de aprendizagem.

O estímulo dessas habilidades, ainda na educação infantil, possibilita que pessoas com TEA se desenvolvam antes que haja uma discrepância muito grande entre o repertório social dos pares e o seu. Assim, o ambiente se torna mais receptivo para que essa criança possa, por exemplo, praticar como pedir o brinquedo emprestado ao colega, pois esta é uma habilidade a ser trabalhada com toda a turma da educação infantil. Quando a criança com TEA consegue brincar com os colegas, é ultrapassada uma barreira importante para sua inclusão, pois as pessoas com autismo tendem a experimentar um isolamento maior, inclusive quando as comparamos com pessoas com outras deficiências (Platos; Wojaczek, 2018).

Dueñas, D'Agostino e Plavnick (2021) registraram ganhos, inclusive em atividades não estruturadas e em brincadeiras de rua para crianças com TEA, após uma intervenção que contou com videomodelação e com IMP na qual os pares foram ensinados a convidar o colega com TEA a brincar. Os resultados foram positivos em atividades de sala de aula e em atividades livres durante o recreio. Ao propormos brincadeiras nas quais há o objetivo de criar oportunidades para a criança com TEA interagir com os pares e, além disso, prepararmos os pares para atuarem como facilitadores para o colega com o transtorno, contribuímos para que este tenha independência para suas atividades diárias e relações de amizade que permitam, inclusive, pedir ajuda aos pares quando necessário. Hodges *et al.* (2022) classificam o ambiente escolar como complexo, o qual demanda uma série de habilidades sociais para que o estudante participe das atividades, razão pela qual é fundamental a mediação do professor para o desenvolvimento das habilidades sociais das crianças com TEA na pré-escola – e a brincadeira é uma ferramenta fundamental para atingir tal objetivo com as crianças.

## O BRINCAR NA PRÁTICA DOS PROFESSORES DA EDUCAÇÃO INFANTIL

É notório que a brincadeira é a principal ferramenta pedagógica do professor da educação infantil e que o brincar não é apenas um direito da criança, mas uma necessidade para seu desenvolvimento saudável (Navarro; Prodócimo, 2012). Sobretudo em tempos de excessivas interações virtuais com efeitos comprovadamente deletérios ao desenvolvimento infantil (Silva *et al.*, 2024), é imperativo que a escola seja um lugar que proporcione a interação com os pares por meio de experiências significativas para a aprendizagem de habilidades como atenção, cooperação, reciprocidade, empatia, compartilhamento (de brinquedos, ideias e opiniões), cumprimento de regras, tolerância à espera e criatividade, entre muitas outras habilidades fundamentais e precursoras de outras mais complexas na vida adulta (Moura; Santos; Marchesini, 2021).

Por mais que o desenvolvimento dessas habilidades pareça ocorrer de forma inata entre crianças com desenvolvimento típico, elas devem ser planejadas com intencionalidade pedagógica pelo professor, objetivando mediar sua aprendizagem para uma experiência enriquecedora para seu desenvolvimento físico, cognitivo e emocional. Na teoria sociointeracionista ou histórico-cultural, Vygotsky (2007) já enfatizava a importância da mediação, e, nessa perspectiva, Brougère (2001) indica que a brincadeira não ocorre naturalmente e que, na ideia de aprendizagem social do brincar, a criança deve ser ensinada e estimulada a brincar.

Esse aspecto ganha ainda mais relevância na presença de alunos com TEA, cujas dificuldades limitam as interações sociais espontâneas com os pares. Em um contexto de educação inclusiva em que diversos estudos (Camargo *et al.*, 2020; Schmidt *et al.*, 2016) apontam desafios e o despreparo dos professores para o ensino de crianças com deficiência, é comum a dúvida sobre o que fazer para engajar essas crianças nas atividades escolares e sociais e promover sua aprendizagem. Não raro, as formações continuadas muito genéricas sobre TEA e inclusão e pouco focadas nas necessidades de conhecimento dos professores para proporcionar intervenções efetivas (Camargo *et al.*, 2020) geram uma espécie de "apatia" frente ao aluno com o transtorno, que frequentemente se encontra isolado dos pares e das atividades propostas (Bosa, 2002; Camargo; Bosa, 2009).

O avanço no conhecimento sobre o funcionamento do indivíduo com autismo revela que atitudes de isolamento social são consequência da falta de habilidades sociocomunicativas que permitem iniciar e manter interações sociais recíprocas com as pessoas. Muitas vezes, a criança com autismo quer interagir com os pares, mas não sabe como fazê-lo – daí a importância de o professor da educação infantil planejar e fomentar a brincadeira para ajudar a criança a compreender e adquirir tais habilidades por meio dela desde cedo na vida.

É importante o reconhecimento desses aspectos para evitar situações como a observada por uma estudante de pedagogia em uma escola de educação infantil onde as crianças estavam brincando de pega-pega no recreio enquanto o coleguinha com autismo andava de um lado a outro do pátio engajado em estereotipia motora (sacudindo as mãos). De repente, ao passar por ele correndo, um dos colegas toca na criança com autismo e faz dele o caçador e todos fogem dele enquanto ele corre atrás dos colegas tentando pegá-los. Ao observar de longe que os colegas se aproximavam e fugiam da criança com autismo para que não fossem pegos por ele, a professora gritou do outro lado do pátio para algumas das crianças: "Deixem o Juca[2] em paz! Ele estava quietinho no canto dele, não o incomodem!". Talvez, com a percepção de que a criança com autismo prefere ficar sozinha, a professora rompe a brincadeira e a interação que foi espontaneamente estabelecida entre as crianças e o colega com autismo, perdendo uma excelente oportunidade de estimular e motivar as crianças para novas interações com ele.

Uma pesquisa desenvolvida por Camargo e Bosa (2012) sobre a competência social de uma criança pré-escolar com autismo, observada comparativamente a uma criança da mesma idade com desenvolvimento típico na hora do recreio, indicou que a criança com TEA apresentava comportamentos sociais e de brincadeira tanto quanto o colega sem o transtorno. O estudo discute que não se trata da presença ou ausência da brincadeira na criança com autismo, mas da qualidade dessa brincadeira, em termos de simbolismo, intensidade e frequência, desmistificando alguns fatos, como o de que crianças com autismo não têm competência social e não querem interagir, e de que elas brincam do seu jeito e não há necessidade de intervir. Como no caso recém-ilustrado, crianças com autismo apresentam potencial para a interação que se diferencia dos pares no aspecto qualitativo, o qual precisa ser estimulado pela mediação pedagógica para promover as habilidades que as interações sociais horizontais com os pares proporcionam para o desenvolvimento saudável da criança (Sanini; Sifuentes; Bosa, 2013).

De acordo com Navarro e Prodócimo (2012), a mediação pedagógica inicia-se desde a forma como o professor organiza sua sala de aula, como gerencia o tempo nas atividades e dispõe materiais e brinquedos ao alcance das crianças. Esses aspectos podem facilitar ou limitar a geração espontânea de interações sociais entre elas. Diante disso, é possível afirmar que mesmo a brincadeira livre carece de planejamento e intenção pedagógica do professor, desafiando os pequenos na aquisição de novos repertórios interativos e sociais. Quando isso não acontece e o professor não exerce seu papel de mediador, tem-se o que Ayoub (2001) chama de "abandono pedagógico". Isso é o que parece ocorrer muitas vezes com crianças com autismo e outras deficiências na escola, quando o professor deixa de pensar e planejar uma atividade lúdico-pedagógica que as inclua junto aos pares na sua execução.

---

[2] Nome fictício.

O que ocorre frequentemente com essas crianças são atividades paralelas, dissociadas do currículo e sem objetivos de aprendizagem.

Diversos estudos supramencionados (Camargo *et al.*, 2020; Crespo, 2020; Martins; Camargo, 2023; Schmidt *et al.*, 2016) demonstram que fomentar a participação de estudantes com autismo requer considerar suas particularidades e necessidades específicas para aprendizagem, fazendo as adequações que são necessárias na brincadeira ou atividade escolar. Ao contrário do que se pode pensar, fazer adequações nas atividades em função da criança que tem deficiência não implica fornecer a ela atividades diferentes em forma e conteúdo do que está planejado no currículo para os colegas. Adequar ou adaptar – na perspectiva inclusiva – significa considerar as potencialidades e dificuldades que toda criança apresenta, garantindo que a atividade seja viável de ser executada e compreendida por todos. Não é novidade entre educadores e na literatura específica que cada criança aprende de modo particular.

Gardner (1995), há décadas, já chamava a atenção para diferentes tipos de inteligências e capacidades que o ser humano tem (linguística, lógico-matemática, espacial, musical, cinestésico-corporal, etc.) e utiliza para assimilar as informações do ambiente. Incluir e fornecer oportunidade de aprendizagem a todos significa considerar esses aspectos, sob o risco de não atingir seu potencial para aprender e cair no anteriormente denominado abandono pedagógico. Portanto, é fundamental que o professor conheça seu aluno (suas habilidades, aversões e interesses) e planeje ações que lhe ensinem ou ampliem o repertório do brincar e/ou utilize o brincar para o ensino de outras habilidades que permitam sua participação e desenvolvimento.

Crianças com autismo apresentam características diversas ao longo do espectro, as quais podem incluir hipo ou hipersensibilidade sensorial, hiperfoco em algum tema ou assunto que limitem seu interesse e motivação para participar das atividades (APA, 2023). Os estudos demonstram que atentar para essas características e entendê-las não como barreiras para a inclusão da criança e sim como aspectos a serem levados em consideração no planejamento das brincadeiras e atividades lúdicas é um primeiro passo para pensar em experiências significativas e dotadas de sentido para a criança (Crespo, 2020; Martins; Camargo, 2023; Pinho, 2018).

Uma metanálise de estudos sobre intervenções comportamentais para ensinar habilidades sociais para crianças com autismo no contexto escolar inclusivo indicou a importância de ensinar a criança a iniciar e responder interações sociais recíprocas separadamente, uma vez que os aspectos motivacionais para a interação social envolvidos no autismo tornam a habilidade de iniciar mais complexa de ser ensinada do que a de responder à interação dos pares (Camargo *et al.*, 2016). Incluir personagens favoritos em uma tarefa pouco preferida tende a aumentar o interesse da criança e, consequentemente, a motivação para seu engajamento com os pares na atividade (Crespo, 2020; Martins; Camargo, 2023).

Outro aspecto importante é considerar o processamento visual, literal e concreto do pensamento da criança com autismo. Por isso, a utilização de recursos visuais tem se mostrado muito eficaz para fornecer previsibilidade e organizar a rotina da criança na escola, estimulando independência e autonomia (Ganz; Flores, 2008). O uso de materiais visuais para o ensino de ações com o brinquedo ou da brincadeira também pode estimular o envolvimento das crianças com autismo para além dos padrões restritos e estereotipados comumente observados em suas brincadeiras.

A massinha de modelar, por exemplo, pode passar de uma mera ação de manipulação sensorial para uma atividade dotada de significado. Explicar para as crianças a finalidade do trabalho com a massinha, o que pode ser feito com ela colaborativamente com o colega, usando imagens que instruem como brincar, quais formas e cenários podem-se fazer com ela, etc., amplia o repertório de possibilidades de brincar e interagir socialmente com os pares, sobretudo quando seus interesses são inseridos na atividade. Além de ensinar a função do brinquedo ou da brincadeira envolvendo pistas visuais do que pode ser feito, auxiliar a criança a atentar para modelos por vídeos ou ao vivo por meio dos pares tem se mostrado eficaz (Perez *et al.*, 2022).

Um estudo conduzido nas aulas de educação física, cujo contexto pedagógico envolve predominantemente o lúdico e o jogo, demonstrou que quando o professor utiliza estas e outras práticas baseadas em evidência (recursos visuais, modelo dos pares e do adulto, reforço positivo, instruções claras e diretas, etc.), a participação e o engajamento dos alunos com autismo nas atividades com os pares aumentaram para níveis elevados com significância estatística e social (Oliveira *et al.*, 2023).

Isso também foi observado na pesquisa de Martins e Camargo (2023) em relação à utilização desses recursos para facilitar a adaptação de crianças com autismo no seu ingresso escolar na educação infantil. O estudo mostrou que esses mesmos recursos pedagógicos proporcionam a compreensão do contexto escolar, minimizando comportamentos interferentes e possibilitando trabalhar habilidades que são importantes para todas as crianças da educação infantil, como interagir, participar, atender quando chamada pelo nome, etc.

## CONSIDERAÇÕES FINAIS

É notório que planejar o contexto das atividades da educação infantil é fundamental (Ramos; Pereira, 2024). Estabelecer objetivos e metas de aprendizagem para todas as crianças, de acordo com o currículo, permite ao professor identificar os recursos que serão necessários para que estes sejam alcançados e saber avaliar o quanto seus alunos estão aprendendo. O conhecimento do desenvolvimento infantil, aliado à criatividade dos educadores, permite adequar o contexto da brincadeira promovendo interações sociais significativas com os pares e as aprendizagens que elas proporcionam.

Em uma brincadeira de esconde-esconde, por exemplo, podem-se utilizar máscaras dos personagens favoritos. Na brincadeira do elefante colorido, usar o suporte concreto da cor, variar os personagens de interesse da criança e garantir previsibilidade do número de vezes em que a brincadeira irá se repetir são possibilidades de engajar a todos.

Portanto, para fornecer um ambiente rico em estímulos e aprendizagens substanciais que o brincar e interagir com pares proporciona, é fundamental que o professor:

- Avalie e conheça as habilidades que as crianças têm, iniciando as atividades por elas.
- Conheça e insira os interesses de seus alunos na brincadeira (personagens, assuntos e atividades preferidas, etc.).
- Planeje, adeque e organize o contexto da brincadeira
- Estabeleça uma rotina visual e utilize recursos visuais e concretos para a compreensão da função do brinquedo e da brincadeira
- Garanta previsibilidade do tempo da atividade com apoio visual concreto.
- Reforce positivamente as conquistas da criança (com elogios, adesivos do personagem favorito, atividades e materiais preferidos, etc.).
- Envolva e permita que os pares se relacionem com o colega com TEA nas brincadeiras e proporcione motivação e diversão nas experiências vivenciadas na escola.

É preciso ter sempre em mente que cada criança aprende de um jeito e que, se ela não está aprendendo, é necessário modificar as propostas para atingir seu potencial. Isso porque, conforme Johnson *et al.* (2004), é improvável que a inclusão escolar seja bem-sucedida se os professores não adotarem práticas efetivas que atendam as diferentes necessidades e formas de aprender para que as crianças possam obter os benefícios que a escola e a interação social com os pares podem proporcionar.

## REFERÊNCIAS

ALBUQUERQUE, I.; BENITEZ, P. O brincar e a criança com transtorno do espectro autista: revisão de estudos brasileiros. *Revista Ibero-Americana de Estudos em Educação*, v. 15, n. 4, p. 1939-1953, 2020.

ALMEIDA, A. R.; GUEDES, M. F. M.; CRIADO, A. N. D.R. O brincar e a criança com transtorno do espectro autista: uma revisão da produção científica brasileira. *In*: ALMOHALHA, L. (org.). *Vigilância do desenvolvimento infantil típico e neuro diverso:* conceituação e processos inclusivos. Guarujá: Científica Digital, 2023. cap. 12, p. 236-250.

AMERICAN PSYCHIATRIC ASSOCIATION (APA). *Manual diagnóstico e estatístico de transtornos mentais*: DSM-5-TR. 5. ed. rev. Porto Alegre: Artmed, 2023.

AYOUB, E. Reflexões sobre a educação física na educação infantil. *Revista Paulista de Educação Física,* p. 53-60, 2001. Supl. 4.

BOSA, C. Autismo: atuais interpretações para antigas observações. *In*: BAPTISTA, C. R.; BOSA, C. *Autismo e educação:* reflexões e propostas de intervenção. Porto Alegre: Artmed, 2002. cap. 2, p. 21-39.

BRASIL. *Diretrizes Curriculares Nacionais para a Educação Infantil.* Brasília: MEC, 2013.

BRASIL. *Lei nº 8.069, de 13 de julho de 1990.* Dispõe sobre o Estatuto da Criança e do Adolescente e dá outras providências. Brasília: Presidência da República, [2024]. Disponível em: https://www.planalto.gov.br/ccivil_03/leis/l8069.htm. Acesso em: 10 abr. 2025.

BRASIL. *Lei nº 9.394, de 20 de dezembro de 1996.* Estabelece as diretrizes e bases da educação nacional. Brasília: Presidência da República, [2009]. Disponível em: https://www.planalto.gov.br/ccivil_03/leis/l9394.htm. Acesso em: 10 abr. 2025.

BRASIL. Ministério da Educação. *Base Nacional Comum Curricular:* educação é a base. Brasília: MEC, [2017].

BRASILEIRO, M.; PEREIRA, J. M. C. Intervenção em grupo para o desenvolvimento de habilidades sociais. *In*: DUARTE, C. P.; SILVA, L. C.; VELLOSO, R. L. (org.). *Estratégias da análise do comportamento aplicada para pessoas com transtorno do espectro do autismo.* São Paulo: Memnon, 2018. cap. 17, p. 330-355.

BROUGÈRE, G. *Brinquedo e cultura.* 4. ed. São Paulo: Cortez, 2001.

CAMARGO, S. P. H.; BOSA, C. A. Competência social, inclusão escolar e autismo: revisão crítica da literatura. *Psicologia e Sociedade,* v. 21, n. 1, p. 65-74, 2009.

CAMARGO, S. P. H.; BOSA, C. A. Competência social, inclusão escolar e autismo: um estudo de caso comparativo. *Psicologia:* Teoria e Pesquisa, v. 28, n. 3, p. 315-324, 2012.

CAMARGO, S. P. H. *et al.* Behaviorally based interventions for teaching social interaction skills to children with ASD in inclusive settings: a meta-analysis. *Journal of Behavioral Education,* v. 25, n. 2, p. 223-248, 2016.

CAMARGO, S. P. H. *et al.* Desafios no processo de escolarização de crianças com autismo no contexto inclusivo: diretrizes para formação continuada na perspectiva dos professores. *Educação em Revista,* v. 36, artigo e214220, 2020.

CRESPO, R. O. *Comunicação e interação social de crianças com transtorno do espectro do autismo:* possíveis efeitos de uma intervenção mediada por pares. Dissertação (Mestrado em Educação) – Faculdade de Educação, Universidade Federal de Pelotas, Pelotas, 2020.

DEL PRETTE, A.; DEL PRETTE, Z. A. P. *Competência social e habilidades sociais:* manual teórico-prático. Petrópolis: Vozes, 2017.

DUEÑAS, A. D.; D'AGOSTINO, S. R.; PLAVNICK, J. B. Teaching young children to make bids to play to peers with autism spectrum disorder. *Focus on Autism and Other Developmental Disabilities,* v. 36, n. 4, p. 201-212, 2021.

GANZ, J. B.; FLORES, M. M. Effects of the use of visual strategies in play groups for children with autism spectrum disorders and their peers. *Journal of Autism and Developmental Disorders,* v. 38, n. 5, p. 926-940, 2008.

GARDNER, H. *Inteligências múltiplas*: a teoria na prática. Porto Alegre: Artes Médicas, 1995.

HARTUP, W. W. Social relationships and their developmental significance. *American Psychologist,* v. 44, n. 2, p. 120-126, 1989.

HODGES, A. *et al.* Closing the gap between theory and practice: conceptualization of a school-based intervention to improve the school participation of primary school students on the autism spectrum and their typically developing peers. *Journal of Autism and Developmental Disorders*, v. 52, n. 7, p. 3230-3245, 2022.

HU, X.; ZHENG, Q.; LEE, G. T. Using peer-mediated LEGO® play intervention to improve social interactions for Chinese children with autism in an inclusive setting. *Journal of Autism and Developmental Disorders,* v. 48, n. 7, p. 2444-2457, 2018.

JOHNSON, J. W. *et al.* The efficacy of embedded instruction for students with developmental disabilities enrolled in general education classes. *Journal of Positive Behavior Interventions,* v. 6, n. 4, p. 214-227, 2004.

LACUNZA, A. B. Las intervenciones en habilidades sociales: revisión y análisis desde una mirada salugénica. *Psicología, Cultura y Sociedad,* v. 12, p. 63-84, 2012.

MARTINS, A. D. F.; GÓES, M. C. R. Um estudo sobre o brincar de crianças autistas na perspectiva histórico-cultural. *Psicologia escolar e educacional,* v. 17, n. 1, p. 25-34, 2013.

MARTINS, J. S.; CAMARGO, S. P. H. A adaptação de crianças com autismo na pré-escola: estratégias fundamentadas na análise do comportamento aplicada. *Revista Brasileira de Estudos Pedagógicos,* v. 104, artigo e5014, 2023.

MOURA, A. M.; SANTOS, B. M. L.; MARCHESINI, A. L. S. O brincar e sua influência no desenvolvimento de crianças com Transtorno do Espectro Autista. *Cadernos de Pós-Graduação em Distúrbios do Desenvolvimento,* v. 21, n. 1, p. 24-38, 2011.

NAVARRO, M. S.; PRODÓCIMO, E. Brincar e mediação na escola. *Revista Brasileira de Ciências do Esporte,* v. 34, n. 3, p. 633-648, 2012.

OLIVEIRA, C. R. *et al.* Adaptações e estratégias baseadas em evidências para aumentar a interação e o engajamento de alunos com TEA nas aulas de Educação Física. *Atos de Pesquisa em Educação,* v. 18, artigo e11209, 2023.

OLIVEIRA, Z. M. R. *Educação infantil:* fundamentos e métodos. 7. ed. São Paulo: Cortez, 2011.

PEREZ, J. P. *et al.* Efeitos da videomodelação para ensino de habilidades de brincadeira para crianças com autismo: uma revisão sistemática. *Espectro:* Revista Brasileira de Análise do Comportamento Aplicada ao Autismo, v. 1, n. 1, p. 16-33, 2022.

PINHO, M. C. *Contribuições do uso de atividades lúdicas em sala de aula, para o desenvolvimento e aprendizagem de uma criança com Transtorno do Espectro Autista (TEA)*: uma intervenção no contexto escolar. Dissertação (Mestrado em Educação) – Faculdade de Educação, Universidade Federal de Pelotas, Pelotas, 2018.

PLATOS, M.; WOJACZEK, K. Broadening the scope of peer-mediated intervention for individuals with autism spectrum disorders. *Journal of Autism and Developmental Disorders*, v. 48, n. 8, p. 747-750, 2018.

RAMOS, L.; PEREIRA, C. D. As práticas pedagógicas inclusivas com crianças autistas na educação infantil: uma revisão de literatura. *Cuadernos de Educación y Desarrollo*, v. 16, n. 13, artigo e7080, 2024.

SANINI, C.; SIFUENTES, M.; BOSA, C. A. Competência social e autismo: o papel do contexto da brincadeira com pares. *Psicologia:* Teoria e Pesquisa, v. 29, n. 1, p. 99-105, 2013.

SCHMIDT, C. *et al.* Inclusão escolar e autismo: uma análise da percepção docente e práticas pedagógicas. *Psicologia:* Teoria e Prática, v. 18, n. 1, p. 222-235, 2016.

SILVA, L. C. *et al.* O impacto das mídias digitais em crianças e adolescentes. *Brazilian Journal of Implantology and Health Sciences,* v. 6, n. 1, p. 1773-1785, 2024.

VYGOTSKY, L. S. *A formação social da mente:* o desenvolvimento dos processos psicológicos superiores. 7. ed. SãoPaulo: Martins Fontes, 2007.

ZANON, R. B.; BACKES, B.; BOSA, C. A. Diferenças conceituais entre resposta e iniciativa de atenção compartilhada. *Psicologia:* Teoria e Prática, v. 17, n. 2, p. 78-90, 2015.

# 5

## O plano educacional individualizado e o sistema de suporte multicamada na escolarização de alunos com TEA

Enicéia Gonçalves Mendes

Adriana Araújo Pereira Borges

No Brasil, vem aumentando, ano após ano, a presença de alunos com deficiência nas escolas regulares, destacando-se o aumento significativo de estudantes com transtorno do espectro autista (TEA), o que tem sido um desafio para os professores que dizem não estar preparados para receber esse público na escola. Por outro lado, as famílias se sentem desamparadas e se queixam da falta de uma educação de qualidade para os estudantes com TEA. Esse tipo de impasse tem sido tão frequente que alguns grupos passaram a defender que os autistas não fossem para a escola e pudessem receber a educação formal em casa (Borges; Nogueira; Camargo, 2024).

No entanto, a legislação brasileira contempla não apenas o direito do acesso à escola, mas o direito à aprendizagem. A Lei nº 12.764/12 de 2012, também conhecida como *Lei Berenice Piana*, que instituiu a *Política Nacional de Proteção dos Direitos da Pessoa com Transtorno do Espectro Autista*, determinou que os indivíduos com TEA são considerados pessoas com deficiência para todos os efeitos legais.

A *Convenção Internacional dos Direitos da Pessoa com Deficiência*, de 2006, que no Brasil tem *status* de emenda constitucional, afirma no preâmbulo a importância da acessibilidade como pré-condição ao pleno gozo dos direitos humanos, em todos os meios (físico, social, econômico e cultural), além das áreas da saúde, informação, comunicação e educação. Segundo Madruga (2013), duas ferramentas estão previstas na Convenção para garantir a acessibilidade: o desenho universal e a adaptação razoável.

O *desenho universal* é um instrumento de inclusão definido pela Organização das Nações Unidas (ONU) cuja concepção surge a partir do trabalho de um arquiteto norte-americano, Ronald Mace, ele próprio pessoa com deficiência e usuário de cadeira de rodas. O desenho universal implica a concepção de produtos, ambientes e serviços para serem usados por todas as pessoas, sem a necessidade de adaptação ou de projetos específicos. A princípio, idealizado por Mace para modificar as edificações, o desenho universal repercutiu nos demais segmentos sociais, como nas áreas de informação, esporte, lazer e educação.

A ideia de "desenho universal", entretanto, não exclui a possibilidade de fornecer, quando necessário, ajudas técnicas para grupos específicos de pessoas com deficiência. Assim, desenha-se para que todos tenham o direito ao mesmo acesso (concepção preventiva) e ajusta-se (concepção individual e reparadora) para que a pessoa não seja privada de "[...] direitos e garantias comuns a todos em função de uma característica que lhe seja própria" (Madruga, 2013, p. 214).

Já a *adaptação* ou *ajuste razoável* tem sua origem na *Lei dos Americanos com Deficiência* e estabelece a obrigação dos empregadores de prover acomodações razoáveis para os empregados, tais como instalações acessíveis, mudança nos horários, modificação de equipamentos, etc. De acordo com a Convenção, adaptação ou ajuste razoável são modificações e ajustes, necessários e adequados, que não acarretem ônus desproporcional ou indevido, a fim de assegurar que pessoas com deficiência possam gozar ou exercer, em igualdade de oportunidades, todos os direitos humanos e liberdades fundamentais. A Convenção reconhece o direito à educação e adaptação razoável de acordo com as necessidades individuais. Assim, ambos os instrumentos – ajuste razoável e desenho universal – destacam a importância de se levar em consideração as necessidades individuais das pessoas com deficiência e definir quais são essas necessidades.

A *Lei Brasileira de Inclusão* (LBI), também conhecida como *Estatuto da Pessoa com Deficiência* (2015), no Capítulo 4, Artigo 28, afirma que cabe ao poder público assegurar, criar, desenvolver, implementar, incentivar, acompanhar e avaliar:

> a adoção de medidas individualizadas e coletivas em ambientes que maximizem o desenvolvimento acadêmico e social dos estudantes com deficiência, favorecendo o acesso, a permanência, a participação e a aprendizagem em instituições de ensino (Brasil, [2024]).

É necessário, portanto, trabalhar com os alunos na perspectiva da acessibilidade curricular. Diferente da adaptação curricular, conceito amplamente difundido a partir da publicação dos *Parâmetros Curriculares Nacionais: Adaptações Curriculares*, documento oficial proposto para pensar formas de organização curricular para os alunos com deficiência (Brasil, 1998), a acessibilidade curricular não pretende minimizar o currículo ou criar um currículo paralelo. A ideia é elaborar estratégias de diferenciação para toda a turma (Marin; Braun, 2020) estabelecendo uma nova perspectiva sobre a educação dos alunos com deficiência nas escolas comuns.

Em 2016, o Comitê dos Direitos da Pessoa com Deficiência[1] elaborou um parecer, o Comentário Geral nº 4, que detalha os requisitos para assegurar que o direito à educação inclusiva, garantido no artigo 24, seja aplicado em todos os países. O documento destaca que a "razoabilidade" deve ser entendida como resultado do exame de contexto, que envolve a análise da relevância e da efetividade das adaptações e o objetivo esperado de combater a discriminação, sendo que a alegação da falta de recursos e de crises financeiras como justificativas para a falta de avanço em direção à educação inclusiva viola o Artigo 24 da Convenção.

Cabe destacar que estudantes com deficiência, ainda que enquadrados na mesma categoria, como o TEA, podem requerer medidas diferentes de acessibilidade, e não existe fórmula única para se definir em que consistem essas adaptações razoáveis. Entre as medidas para se garantir a acessibilidade para estudantes com deficiência, pode ser necessário, por exemplo, alterar a localização da sala de aula, fornecer variadas formas de comunicação, disponibilizar impressões ampliadas de textos e elementos gráficos, providenciar materiais e/ou conteúdo em língua de sinais, oferecer material em um formato alternativo, prover um escriba (para tomar notas), um intérprete (de língua de sinais ou outra língua), recursos de tecnologia assistiva para situações de aprendizagem e avaliação, conceder mais tempo a um

[1] Tradução do inglês "Committee on the Rights of Persons with Disabilities (CRPD)". *Site* disponível em https://www.ohchr.org/en/treaty-bodies/crpd.

estudante para tarefas, reduzir os níveis de ruído no ambiente, usar métodos de avaliação alternativos ou fazer ajustes no currículo, etc.

O referido documento destaca ainda que a provisão de medidas de acessibilidade previstas na ideia de "adaptação razoável" não deve estar condicionada a um diagnóstico médico de deficiência, mas sim basear-se na avaliação das barreiras sociais que o indivíduo enfrenta no seu processo de escolarização. O Comitê dos Direitos da Pessoa com Deficiência recomenda ainda que estudantes com deficiência, pais, cuidadores e/ou membros da família devem estabelecer, juntamente com os profissionais envolvidos, discussões para garantir que as medidas atendam às necessidades, vontades, preferências e escolhas dos estudantes e possam ser implementadas pela instituição educacional.

Para definir esses aspectos, no item 33 do Comentário Geral nº 4, o Comitê enfatiza a necessidade de providenciar planos educacionais individualizados (PEI) que possam identificar as adaptações razoáveis e o apoio específico necessário para o estudante individualmente, incluindo, se necessário, apoios de tecnologia assistiva, materiais de aprendizagem específicos em formatos acessíveis, modos e meios de comunicação, auxílio e assistência na comunicação, tecnologia de informação, auxílio de pessoal, etc. Destaca-se ainda a necessidade de que o PEI aborde procedimentos de transição de estudantes, por exemplo, de contextos segregados para ambientes inclusivos, entre níveis diferentes de educação e da escola para o mundo do trabalho. Além disso, é recomendado que esses planos sejam sistematicamente monitorados e avaliados com o envolvimento direto do estudante em questão e de suas famílias e/ou representantes legais.

A utilização do PEI, contudo, não exclui outras estratégias que devem ser usadas, uma complementando a outra, como as práticas colaborativas entre o professor regente e o especialista em educação especial e o sistema de suporte multicamada, que auxilia o professor na tomada de decisões sobre os suportes dos alunos.

## O PLANO EDUCACIONAL INDIVIDUALIZADO PARA ALUNOS COM TEA

O PEI é um instrumento que tem sido utilizado em muitos países com o objetivo de garantir que os estudantes com deficiência possam ter acesso ao currículo e receber os suportes adequados para suas necessidades.

Tannús-Valadão (2011) analisou as propostas oficiais de PEI de quatro países (Espanha, Estados Unidos, França e Itália) e concluiu que:

> [...] embora com nomes diferentes, o Individualized Education Program (IEP), nos Estados Unidos da América, o Piano Educativo Individualizzato (PEI), na Itália, o Projet Personnalisé de Scolarisation (PPS), na França, e o Adaptaciones Curriculares Individuales (ACI), na Espanha, evidenciam que o processo de escolarização de pessoas em situação de deficiência prevê o planejamento cuidadoso particularizado, caso a caso, que define como será organizado o processo e o percurso educacional do indivíduo nessa situação, haja vista que, nesses países, requisitos legais e regulamentos oficiais garantem esse tipo de procedimento (Tannús-Valadão, 2011, p. 95).

O instrumento configura-se como um registro, organizado em partes, que traz informações sobre o aluno. Embora esse modelo de registro possa ter uma organização diferente (Borges; Schmidt, 2021; Pletsch; Glat, 2013; Silva *et al.*, 2022), a estrutura é muito parecida. Em uma primeira parte, constam as informações sobre as características do aluno e sobre saúde e vida escolar pregressa, depois orientações sobre como avaliar distintos aspectos (sociais, cognitivos, comunicacionais, comportamentais, entre outros) e a parte onde o professor deve registrar a evolução educacional do aluno, ou seja, o percurso escolar em sua disciplina. Tannús-Valadão e Mendes (2018, p. 11) sintetizam que o PEI pode ser caracterizado como:

- Um registro das diferenciações individualizadas que serão necessárias para ajudar o estudante a alcançar expectativas de aprendizagem para ele estipuladas.
- Um documento norteador do trabalho educacional que identifica como as expectativas de aprendizagem podem ser alteradas, levando-se em consideração as necessidades do aluno, o currículo padrão e a identificação de metas alternativas nas áreas de programas, caso necessário.
- Um registro dos conhecimentos e das habilidades específicas do aluno e que permite identificar o repertório de partida, acompanhar a evolução em direção às metas e traçar novos caminhos, se determinado programa não estiver permitindo atingir as metas estabelecidas para o estudante.
- Um instrumento que permite prestar contas para o aluno, para seus pais e/ou representantes legais e para todos aqueles que têm responsabilidades para que os objetivos da educação sejam cumpridos.

Algumas redes de educação instituíram a obrigatoriedade do instrumento por meio de resoluções próprias, embora sua utilização ainda encontre resistências no país, relacionadas em grande parte a uma crítica sobre a individualização dos processos para os alunos com deficiência (Duarte; Borges, 2024). As críticas não têm fundamento, pois o princípio adotado no PEI passa pelo reconhecimento das especificidades e diferenças humanas, sendo que esse reconhecimento "[...] deveria ser a diretriz prioritária das práticas curriculares para qualquer aluno, pois uma educação que se quer humanista não pode ser realizada a partir de pressupostos curriculares 'fordistas', homogêneos" (Pletsch, 2024, p. 168). Nessa perspectiva, cada vez mais se discute a importância de estratégias que possam beneficiar os alunos com deficiência na sala de aula.

Em 2024, foi homologado o Parecer CNE/CP nº 50, que tratou das *Orientações Específicas para o Público da Educação Especial: Atendimento a Estudantes com Transtorno do Espectro Autista*. O Parecer destaca a importância do estudo de caso para o planejamento das ações dentro do ambiente escolar, reafirmando a importância do plano de atendimento educacional especializado (PAEE) e do PEI, diferenciando os dois instrumentos. Nessa perspectiva, o PAEE deve conter:

> 1) registro do estudo de caso; 2) definição de materiais e recursos para eliminar ou minimizar as barreiras no contexto educacional; 3) avaliação da necessidade e disponibilização de recursos de tecnologia assistiva e comunicação aumentativa e alternativa; 4) avaliação da necessidade de oferta de profissionais de apoio escolar, intérpretes de Libras e guias-intérpretes; e 5) demandas para a rede de proteção social e articulação intersetorial (Brasil, 2024, p. 14).

Já o PEI está mais vinculado à atuação do professor regente e deve conter:

> 1) um plano de acessibilização curricular, considerando as atividades desenvolvidas na sala de recursos multifuncionais e a articulação com o professor regente e demais profissionais da unidade escolar, nos diferentes espaços; e 2) medidas individualizadas de acesso ao currículo para os estudantes autistas (Brasil, 2024, p. 14).

O *Parecer do Conselho Nacional de Educação* avança na compreensão da importância de considerar que o PAEE não exclui o PEI, pois são instrumentos diferentes em sua concepção e uso. O PAEE (Tannús-Valadão; Mendes, 2018), conforme prevê a Nota Técnica nº 4/2014 (Brasil, 2014), circunscreve o planejamento apenas à atuação do professor de educação especial voltado para o atendimento educacional especializado (AEE) realizado na Sala de Recursos Multifuncionais ou no Centro de Atendimento Educacional Especializado, no contraturno. O PEI (Tannús-Valadão, 2011) sugere a construção de um plano que envolve uma linha do tempo em sete etapas:

1. Solicitação de avaliação para determinar se o estudante necessita de PEI.
2. Preparação da avaliação.
3. Realização da avaliação.
4. Preparação para reunião do PEI.
5. Realização da reunião.
6. Revisão e modificações do PEI.
7. Aplicação e reavaliação periódica por meio de reuniões para avaliar e atualizar o plano.

> Um dos benefícios do PEI consiste em trazer para a escolarização do estudante um compromisso documentado dos responsáveis por ele, sendo esse compromisso uma espécie de contrato que deverá ser cumprido, no mínimo, em um ano. Esse benefício aumenta a responsabilidade da escola e dos familiares para uma prestação de contas sobre o processo de ensino-aprendizagem, tornando os horários para planejamento coletivos e individuais essenciais para que seja cumprido esse contrato (Tannús-Valadão, 2014, p. 93).

A princípio, pode-se considerar que a previsão do PEI no Parecer CNE/CP nº 50, homologado pelo Ministério da Educação, foi uma conquista, porque atende às diretrizes recomendadas tanto pela literatura científica quanto por órgãos internacionais. Entretanto, permanecem sérias ressalvas em relação à contribuição desse documento para a escolarização de indivíduos com TEA nas escolas brasileiras.

Primeiramente, cabe destacar que as recomendações da literatura científica sobre o PEI não são exclusivas para estudantes com TEA, e, nesse sentido, como o Parecer CNE/CP nº 50 traça diretrizes específicas para esse público, pode induzir políticas segmentadas, capazes de produzir mais desigualdades do que soluções na garantia dos direitos das pessoas com deficiência no país, na medida em que estudantes com TEA irão ter dois planejamentos, enquanto o restante do público da educação especial terá, quando muito, um PAEE.

Em segundo lugar, cabe destacar que o PEI deve ser utilizado como instrumento único de planejamento individualizado, e não faz sentido ter um planejamento para a classe comum e outro para o AEE, incentivando processos divorciados de escolarização para um único indivíduo.

Por último, destaca-se que o Parecer CNE/CP nº 50, ao inaugurar a exigência de dois tipos de planejamentos exclusivos para estudantes com TEA – o PEI e o PAEE –, implicará um aumento considerável da burocracia para as escolas, além de confusão, pois as diretrizes para elaboração do PEI são praticamente inexistentes. Enfim, o documento ocasiona discriminação desnecessária e pode criar ainda mais barreiras para a escolarização de estudantes com TEA na classe comum.

Entre os aspectos que merecem destaque no PEI, está a participação da família e do próprio estudante em sua proposição. Para Yell, Bateman e Shriner (2022), trabalhar com os familiares é uma das partes mais importantes do planejamento. A família traz informações relevantes sobre a criança e contribui com seus *insights*, preocupações e sugestões. Além disso, é importante lembrar que o PEI registra as questões relacionadas à transição (entre as etapas escolares e o pós-escola). Por isso, as expectativas dos pais devem ser ouvidas e consideradas, assim como as dos alunos, a partir de um trabalho de autodefensoria, ou seja, os alunos aprendem a falar sobre o que querem, o que desejam e quais os melhores meios de ajudá-los a progredir.

Além da família e do próprio estudante, o PEI envolve o professor regente, o professor especialista, um membro da coordenação da escola e os profissionais da saúde, além de outras pessoas relevantes para o processo de elaboração do PEI, que podem ser solicitadas a participar (Costa; Schmidt; Camargo, 2023; Silva; Bosa, 2024). Esse trabalho colaborativo é fundamental, pois envolve outros atores da comunidade escolar além do professor especialista que, geralmente, é responsabilizado pelas estratégias de ensino para os alunos com deficiência.

Enfim, a concepção de PEI aqui apresentada considera as condições legais existentes no Brasil, que garantem acessibilidade aos estudantes do público da educação especial em geral, e em particular aqueles com TEA, mas busca redefinir o processo e a função desse instrumento, visando ajustar as práticas ao que a literatura e o Comitê dos Direitos das Pessoas com Deficiência recomendam.

A utilização do PEI não exclui outras estratégias que devem ser usadas, uma complementando a outra, como o sistema de suporte multicamada, que auxilia o professor na tomada de decisões sobre os suportes dos alunos.

## O SISTEMA DE SUPORTE MULTICAMADA

Conforme aumenta o número de estudantes com autismo nas escolas comuns, aumenta a demanda para planejar o ensino para esses alunos e, por conseguinte, cresce a burocracia, a necessidade de preencher protocolos, de avaliar sistematicamente os alunos – e tudo isso requer tempo. Os professores reclamam das condições de trabalho quando têm alunos do público da educação especial em suas turmas, pois, além de planejar para a turma, precisam planejar individualmente para alguns alunos.

No Brasil, a *Política Nacional de Educação Especial na Perspectiva da Educação Inclusiva* (Brasil, 2008) preconiza que estudantes com TEA devam ser escolarizados em escolas regulares, com frequência integral que possibilite participação plena no contexto de uma classe comum e que recebam no contraturno o AEE em Salas de Recursos Multifuncionais ou em Centros de Atendimento Educacional Especializados.

Entretanto, essas provisões nem sempre funcionam, primeiramente porque cerca de metade dos estudantes do público da educação especial não tem recebido o AEE, segundo o Censo Escolar de 2023 (INEP, 2024). Além disso, não havia previsão de planejamento educacional para o ensino do estudante com TEA na classe comum, e as políticas, em geral, não preveem suporte acadêmico e/ou comportamental no contexto da classe comum, a não ser a provisão de profissionais de apoio para alunos com dependência nas atividades de vida diárias (locomoção, higiene e alimentação).

Todavia, para que muitos alunos com TEA alcancem resultados bem-sucedidos nas escolas, é preciso um sistema escolar que integre suporte acadêmico e comportamental baseado em pesquisa e em todos os contextos escolares, sobretudo no contexto da classe comum, juntamente com rotinas colaborativas de tomada de decisão baseadas em dados. Isso não significa que o professor da classe comum tenha a responsabilidade por executar planejamentos individualizados para estudantes do público da educação especial, e menos ainda que planejamento individualizado signifique ensino individualizado.

Para solucionar a estruturação de suportes que os estudantes necessitam no contexto da classe comum, o modelo que vem sendo proposto para aumentar a capacidade das escolas de responderem à diversidade dos estudantes, inclusive aqueles com TEA, tem sido o *sistema de suporte multicamada* (SSM).

O SSM é um conjunto integrado de práticas e intervenções direcionadas a objetivos acadêmicos e comportamentais, em ascensão na literatura sobre educação inclusiva por estar se convertendo em um grande impulsionador da reforma escolar abrangente contemporânea. Para Sailor *et al.* (2021), o SSM representa uma mudança radical no campo da educação especial e educação inclusiva na medida em que:

- Ele não é categórico, no sentido de se aplicar a um conjunto determinado de estudantes classificados como diferentes, pois se aplica a todos os estudantes de uma escola, indistintamente.
- Requer medidas contínuas de desempenho para se tomar decisões sobre intervenções (p. ex., triagem, monitoramento de progresso).
- Integra totalmente intervenções sociais/comportamentais com intervenções acadêmicas.
- Aplica-se a todos os ambientes escolares, em vez de só ser específico para determinadas salas de aula como classes especiais ou de recursos.
- Trata-se de um sistema orientado por equipe que reúne tanto educadores especializados quanto comuns na implementação.
- Incorpora os princípios de desenho universal para a aprendizagem, que por sua vez facilitam a dessegregação de programas de educação especial.

O SSM é um modelo educacional projetado para fornecer vários níveis de suporte aos alunos com base em suas necessidades específicas individuais. Esse sistema costuma ser organizado em três camadas, com cada uma representando um nível diferente de intensidade nas intervenções, integrando suporte para habilidades acadêmicas e comportamentais, uma vez que essas áreas em geral se influenciam mutuamente. Ao adotarem uma abordagem em camadas, as escolas podem maximizar sua capacidade de apoiar os estudantes, fornecendo intervenções apropriadas para ajudá-los a atingirem seu potencial máximo.

Para estudantes com TEA, o SSM pode proporcionar suporte sistemático às suas necessidades específicas, tanto no âmbito das habilidades acadêmicas quanto das habilidades socioemocionais/comportamentais (Sansosti, 2010; Choi; Miller; McCart, 2024; Pinkelman; Bundock, Rolf, 2020).

O sistema é escalonado em três níveis de suporte, sendo que no nível 1 as intervenções são universais, ou seja, a base essencial na qual todos os estudantes – incluindo aqueles com autismo – receberão ensino de alta qualidade em turmas regulares. Nesse estágio, priorizam-se abordagens e métodos universais que favorecem todos os alunos, como desenho universal para a aprendizagem, ensino diferenciado, ensino colaborativo e aprendizagem cooperativa (Mendes *et al.*, 2023).

Nesse contexto, os educadores podem empregar práticas de ensino diversificadas, além de estratégias visuais precisas que ajudam todos os alunos a compreenderem quais são as expectativas acadêmicas e comportamentais. Também é possível estabelecer rotinas consistentes e implementar sistemas de recompensas para garantir uma gestão eficaz da sala de aula e promover um ambiente de aprendizagem inclusivo para todos os estudantes. Enfim, adotando-se medidas universais que melhoram o ensino para todos os estudantes, pressupõe-se, segundo referencial do SSM, que 80% dos estudantes com deficiências, inclusive aqueles com TEA, terão contempladas suas necessidades de suporte (Mendes, 2023).

Para aqueles estudantes cujas medidas universais do nível 1 não se mostrarem suficientes, a elas se acrescentam medidas adicionais de nível 2, destinadas a estudantes identificados como sendo de risco ou com dificuldade em atingir objetivos acadêmicos ou comportamentais esperados. Nesse nível, as intervenções são desenvolvidas em grupos, focadas na promoção de habilidades acadêmicas ou sociais específicas, adotadas para atender às necessidades específicas de alguns estudantes. Em tal nível, o progresso deve ser monitorado regularmente para avaliar a eficácia dessas medidas adicionais, o que implica que os professores devem coletar dados sobre o progresso dos alunos para monitorar a eficácia da intervenção e fazer ajustes conforme necessário.

Adotando-se medidas universais (nível 1) acrescidas de medidas adicionais para pequenos grupos (nível 2) que precisam de mais suporte, pressupõe-se, segundo referencial do SSM, que 15% dos estudantes com deficiências terão contempladas suas necessidades de suporte mais intensivas (Mendes, 2023).

Entretanto, o modelo prevê ainda mais apoio, no nível 3, para poucos alunos com deficiência restantes, estimados em 5% do total, que irão requerer suportes ainda mais intensificados. Assim, no nível 3, as intervenções serão direcionadas aos alunos que precisam de intervenção mais individualizada para desafios específicos, podendo ainda envolver suporte personalizado na forma de consultoria colaborativa de especialistas da equipe multidisciplinar para abordar questões de necessidades educacionais mais complexas no campo da aprendizagem acadêmica ou socialização. Esse nível também requer monitoramento intensivo do progresso ajustado com base no *feedback* dos dados sobre o desempenho dos alunos como resposta às intervenções experimentadas.

Assim, o SSM enfatiza a tomada de decisões baseada em dados e a colaboração entre educadores, especialistas e famílias. A decisão de qual nível de suporte o estudante vai receber é baseada em dados, e todo estudante começa recebendo medidas universais, sendo acrescentadas medidas adicionais ou específicas quando as evidências mostrarem ser necessário. O envolvimento da família é parte importante do SSM, pois pais, terapeutas e educadores devem colaborar para conhecer as necessidades do estudante no lar e na escola, garantindo que os suportes possam ser integrados em todos os contextos.

Em resumo, o SSM oferece um modelo estruturado que pode ser adaptado para atender às necessidades de estudantes com autismo, promovendo um ambiente de aprendizagem inclusivo e responsivo que busca maximizar o potencial de cada estudante. O objetivo é criar uma abordagem proativa para atender às diversas necessidades dos alunos, promovendo, em última análise, o sucesso de todos os estudantes. O modelo pressupõe que todos os três níveis de suporte devem ser, preferencialmente, ofertados no contexto da classe comum, sem a necessidade de sistemas de retiradas ou de atendimento extraclasse.

Por fim, cabe destacar as diferenças entre os níveis de suporte propostos no modelo do SSM em relação àqueles anteriormente propostos pela 5ª edição do *Manual diagnóstico e estatístico de transtornos mentais* (DSM-5) (APA, 2014) para o TEA. Segundo o DSM-5-TR (APA, 2023), o TEA é classificado com base nos níveis de suporte, sendo eles nível 1 (autismo leve, com necessidade de pouco apoio), nível 2 (autismo moderado, com necessidade moderada de apoio) e nível 3 (autismo grave, com muita necessidade de apoio substancial), sendo que a classificação do nível é baseada no julgamento clínico dos profissionais do diagnóstico.

Entretanto, a Organização Mundial de Saúde (OMS) lançou, em junho de 2018, a 11ª revisão da CID, aprovada em maio de 2019, e, seguindo o proposto no DSM-5 (APA, 2013), adotou também a denominação transtorno do espectro autista, unificando todos os quadros com características do autismo, anteriormente classificados na CID 10 como transtorno global do desenvolvimento (TGD), mas sem utilizar os três níveis de suporte. Assim, a partir da implementação da CID-11 (OMS, 2025), o TEA passará a ter cinco classificações, baseadas na presença ou não de deficiência intelectual e/ou comprometimento da linguagem funcional. Entretanto, como muitas pessoas ainda utilizam a classificação do DSM-5-TR, é importante destacar tais diferenças na concepção dos níveis de suporte entre os dois sistemas a fim de evitar confusões, posto que os termos são similares, mas os conceitos, não.

No caso do SSM, a classificação do nível se refere às intervenções que as escolas devem ofertar, e não se aplica às pessoas ou aos seus diagnósticos clínicos. Além disso, o nível de suporte que o estudante vai receber é definido a partir de dados, ou seja, baseado em evidências dos resultados das intervenções testadas – portanto, definido *a posteriori*, e não *a priori*, com base em julgamentos de profissionais ou relatos pessoais mais passíveis a decisões subjetivas e, consequentemente, arbitrárias. Assim, no SSM, os níveis se somam quando houver necessidade de intensificar suportes e não são mutuamente excludentes, como no caso da classificação por níveis do DSM-5.

## O PLANO EDUCACIONAL INDIVIDUALIZADO NO SISTEMA DE SUPORTE MULTICAMADA

Para Mitchel (2015), o currículo deve ser único e acessível a todos, incluindo os alunos com necessidades educacionais especiais. Por outro lado, necessidades educacionais especiais são criadas quando um currículo não é acessível a todos. Por isso, em uma sala de aula diversa, com alunos funcionando em dois ou três níveis do currículo, o SSM é a melhor opção a ser empregada, o que não exclui o PEI, que tem a função de assegurar suportes para os alunos que necessitem de mais apoio.

O SSM e o PEI compartilham o objetivo de apoiar o sucesso do aluno, embora operem em níveis e atendam a propósitos diferentes. O SSM é um sistema proativo, usado em ambientes educacionais para fornecer vários níveis de suporte a todos os alunos com base em suas necessidades, começando com estratégias universais para todos e adicionando, se necessário, um suporte mais intensivo. O SSM se concentra em uma abordagem preventiva, identificando e intervindo precocemente, garantindo que os alunos recebam o suporte necessário antes que fracassem e sejam deixados para trás.

O PEI, por outro lado, é um documento criado para alunos que foram identificados como sendo público da educação especial, para quem se prescrevem objetivos educacionais específicos, acomodações, modificações e serviços que esses estudantes requerem a fim de acessar o currículo de educação geral de forma eficaz. Ele é adaptado às necessidades individuais do aluno e deve ser desenvolvido por meio de um processo colaborativo envolvendo educadores, pais e especialistas.

Assim, nem todos os alunos que recebem suporte por meio do SSM precisarão de um PEI. Na verdade, o SSM pode servir como forma de identificar alunos que podem precisar de suporte mais intensivo e ajudar as escolas a coletarem dados para determinar se um aluno se qualifica para serviços de educação especial. Se um aluno não responder às intervenções fornecidas pelo SSM no nível 1 (universal) e continuar a ter dificuldades, isso pode levar a um encaminhamento para uma avaliação a fim de determinar a elegibilidade para um PEI.

Em resumo, o SSM serve como uma estrutura para dar suporte a todos os alunos dentro do sistema de educação geral, enquanto o PEI é projetado, especificamente, para alunos do público da educação especial que requerem instruções e serviços especialmente projetados para eles. São abordagens complementares que, em conjunto, trabalham para garantir que todos os alunos recebam o apoio de que necessitam para ter sucesso acadêmico.

## CONSIDERAÇÕES FINAIS

> O PEI é uma intersecção conceitual entre práticas pedagógicas, políticas, escolas, famílias e estudantes com deficiências. Como tal, é definitivamente a base para uma educação especial eficaz com serviços relacionados e resultados positivos para os alunos. Entretanto, quando o PEI é visto apenas como um requisito burocrático de preencher um papel, uma oportunidade crucial para desenvolver e implementar experiências educacionais significativas para alunos com deficiências será perdida (Blackwell; Rossett, 2014, p. 12, tradução nossa).

No ano de 2023, o *Censo Escolar da Educação Básica* registrou no Brasil a matrícula de 1.771.430 estudantes notificados como sendo da educação especial, dos quais 1.617.420 (91,3%) escolarizados em escolas comuns; destes, 607.144 (37,5%), ou seja, mais de um terço, foram notificados como tendo TEA. Planejar para todo esse contingente é trabalho considerável, pois leva tempo e envolve recursos, habilidades e competências que nem sempre estão presentes nas realidades das escolas.

Ao mesmo tempo, não é possível aceitar que a educação inclusiva seja reduzida ao ato de matricular os alunos nas escolas. Garantir o acesso é importante, mas é necessário assegurar o direito à educação, de fato, para os alunos com deficiência.

A adesão ao SSM propõe a priorização de medidas universais, de melhoria da qualidade de ensino para todos os estudantes, uma estratégia importante quando a qualidade do ensino é ruim, e promete ainda que, se uma versão de uma boa escola for oferecida para todos os estudantes, 80% das necessidades educacionais especiais de estudantes do público da educação especial podem ser resolvidas nesse nível de suporte. Para os 20% restantes, serão necessárias medidas adicionais e específicas, que devem ser definidas a partir do PEI.

Assim, a estruturação dos suportes tomando como base o SSM tem o potencial de melhorar as escolas brasileiras para todos os estudantes, reduzir em 80% a necessidade de elaboração de PEI para todos os estudantes da educação especial e, com isso, maximizar a eficácia desse instrumento a quem realmente dele precisa.

## REFERÊNCIAS

AMERICAN PSYCHIATRIC ASSOCIATION. *Manual diagnóstico e estatístico de transtornos mentais*: DSM-5. 5. ed. rev. Porto Alegre: Artmed, 2014.

AMERICAN PSYCHIATRIC ASSOCIATION. *Manual diagnóstico e estatístico de transtornos mentais*: DSM-5-TR. 5.ed. rev. Porto Alegre: Artmed, 2023.

BLACKWELL, W. H.; ROSSETTI, Z. S. The development of individualized education programs: where have we been and where should we go now? *Sage Open*, v. 4, n. 2, 2014.

BRASIL. *Lei nº 12.764, de 27 de dezembro de 2012*. Institui a Política Nacional de Proteção dos Direitos da Pessoa com Transtorno do Espectro Autista e altera o

§ 3º do art. 98 da Lei nº 8.112, de 11 de dezembro de 1990. Brasília: Presidência da República, [2020]. Disponível em: https://www.planalto.gov.br/ccivil_03/_ato2011-2014/2012/lei/l12764.htm. Acesso em: 10 abr. 2025.

BRASIL. *Lei nº 13.146, de 6 de julho de 2015*. Institui a Lei Brasileira de Inclusão da Pessoa com Deficiência (Estatuto da Pessoa com Deficiência). Brasília: Presidência da República, [2024]. Disponível em: https://www.planalto.gov.br/ccivil_03/_Ato2015-2018/2015/Lei/L13146.htm. Acesso em: 10 abr. 2025.

BRASIL. Ministério da Educação. *Nota técnica nº 04/2014/MEC/SECADI/DPEE*. Orientação quanto a documentos comprobatórios de alunos com deficiência, transtornos globais do desenvolvimento e altas habilidades/superdotação no Censo Escolar. Brasília: Ministério da Educação, 2014. Disponível em: http://portal.mec.gov.br/index.php?option=com_docman&view=download&alias=15898-nott-04-secadi-dpee-23012014&Itemid=30192. Acesso em: 10 abr. 2025.

BRASIL. Ministério da Educação. *Parecer CNE/CP Nº: 50/2023*. Reanálise do Parecer CNE/CP nº 50, de 5 de dezembro de 2023, que tratou das Orientações Específicas para o Público da Educação Especial: Atendimento a Estudantes com Transtorno do Espectro Autista (TEA). Brasília: Ministério da Educação, 2024. Disponível em: http://portal.mec.gov.br/index.php?option=com_docman&view=download&alias=265021-pcp050-23-reanalise&category_slug=dezembro-2023-pdf&Itemid=30192. Acesso em: 10 abr. 2025.

BRASIL. Ministério da Educação. *Política nacional de educação especial na perspectiva da educação inclusiva*. Brasília: MEC, 2008.

BRASIL. Ministério da Educação e do Desporto. Secretaria de Educação Fundamental. *Parâmetros curriculares nacionais:* adaptações curriculares. Brasília: MEC, 1998.

BORGES, A. A. P.; NOGUEIRA, M. L. M.; CAMARGO, S. P. H. A importância da escola para estudantes com autismo. *In*: CCHMIDT, C.; PAULA, C. S. (ed.). *Transtorno do espectro autista:* pesquisas na saúde e na educação. Campinas: Papirus, 2024. cap. 6, p. 147-172.

BORGES, A. A. P.; SCHMIDT, C. Desenho universal para aprendizagem: uma abordagem para alunos com autismo em sala de aula. *Revista Teias,* v. 22, n. 66, p. 27-39, 2021.

COMMITTEE ON THE RIGHTS OF PERSONS WITH DISABILITIES. *Report of the Committee on the Rights of Persons with Disabilities:* 13th through 16th sessions (2015-2016). New York: United Nations, 2017. Supplement nº 55 (A/72/55).

CHOI, J. H.; MILLER, D. D.; MCCART, A. B. Outcomes of equity-based multi--tiered system of support and instructional decision-making for autistic students. *Education Sciences, v. 14, n. 7, article* 708, 2024.

COSTA, D. S.; SCHMIDT, C.; CAMARGO, S. P. H. Plano educacional individualizado: implementação e influência no trabalho colaborativo para a inclusão de alunos com autismo. *Revista Brasileira de Educação*, v. 28, artigo e280098, 2023.

DUARTE, M. M. T. A. S.; BORGES, A. A. P. O aluno com deficiência e o direito à diferença. *Revista Videre*, v. 16, n. 35, p. 57-86, 2024.

INSTITUTO NACIONAL DE ESTUDOS E PESQUISAS EDUCACIONAIS ANÍSIO TEIXEIRA (INEP). *Censo da Educação Superior 2023*. Brasília: INEP, 2024. Disponível em: https://download.inep.gov.br/educacao_superior/censo_superior/documentos/2023/apresentacao_censo_da_educacao_superior_2023.pdf. Acesso em: 14 abr. 2025.

MADRUGA, S. *Pessoas com deficiência e direitos humanos: ótica da diferença e ações afirmativas*. São Paulo: Saraiva, 2013.

MARIN, M.; BRAUN, P. Currículo e diferenciação pedagógica: uma prática de exclusão. *Revista Exitus*, v. 10, p. 1-27, 2020.

MENDES, E. G. Didática, formação de professores e educação especial: implicações das políticas públicas baseadas no sistema de suporte multicamadas. *In*: LONGAREZI, A. M.; MELO, G. F.; XIMENES, P. A. S. (org.). *Didática, formação de professores e políticas públicas*. Paco Editora, 2023. v. 3, cap. 11, p. 235-256.

MENDES, E. G. *et al. Práticas inclusivas inovadoras no contexto da classe comum:* dos especialismos às abordagens universalistas. Rio de Janeiro: Encontrografia, 2023.

MITCHELL, D. Inclusive education is a multi-faceted concept. *Center for Educational Policy Studies Journal*, v. 5, n. 1, p. 9-30, 2015.

ORGANIZAÇÃO MUNDIAL DE SAÚDE. *CID-11 para Estatísticas de Mortalidade e de Morbidade*. Genebra: OMS, c2025. Disponível em: https://icd.who.int/browse/2025-01/mms/pt. Acesso em: 14 maio 2025.

PLETSCH, M. D. Plano de Atendimento Educacional Especializado (PAEE) e Planejamento Educacional Individualizado (PEI): complementares ou excludentes? *In*: BORGES, A. A. P.; CAMARGO, S. P. H.; VALLE, J. W. (org.). *Plano Educacional Individualizado para alunos com deficiência*. Belo Horizonte: Ampla, 2024. cap. 7, p. 161-178.

PLETSCH, M. D.; GLAT, R. Plano Educacional Individualizado (PEI): um diálogo entre práticas curriculares e processos de avaliação escolar. *In*: GLAT, R.; PLETSCH, M. D. (org.). *Estratégias educacionais diferenciadas para alunos com necessidades especiais*. Rio de Janeiro, 2013. p. 17-32.

PINKELMAN, S. E.; BUNDOCK, K.; ROLF, K. Supporting students with autism spectrum disorder in schools through multi-tiered systems of support. *In*: MCCLAIN, M.; SHAHIDULLAH, J.; MEZHER, K. (ed.). *Interprofessional care coordination for pediatric autism spectrum disorder:* translating research into practice. Cham: Springer, 2020. p. 137-152.

SAILOR, W. *et al.* Preparing teacher educators for statewide scale-up of multi-tiered system of support (MTSS). *Teacher Education and Special Education,* v. 44, n. 1, p. 24-41, 2021.

SANSOSTI, F. J. Teaching social skills to children with autism spectrum disorders using tiers of support: a guide for school-based professionals. *Psychology in the Schools,* v. 43, n. 3, p. 257-281, 2010.

SILVA, G. L.; BOSA, C. (2024). Critérios de qualidade dos objetivos e metas do PEI. *In*: BORGES, A. A. P.; CAMARGO, S. P. H.; VALLE, J. W.(org.). *Plano Educacional Individualizado para alunos com deficiência*. Belo Horizonte: Ampla, 2024.

SILVA, G. L. *et al.* Contexto histórico e político para uma ação propositiva de organização e operacionalidade do Plano Educacional Individualizado de estudantes com deficiências. *Arquivos Analíticos de Políticas Educativas,* v. 30, n. 85, 2022.

TANNÚS-VALADÃO, G. T. *Inclusão escolar e planejamento educacional individualizado:* avaliação de um programa de formação continuada para educadores. Tese (Doutorado em Educação Especial) – Universidade Federal de São Carlos, São Carlos, 2014.

TANNÚS-VALADÃO, G. T. *Planejamento educacional individualizado na educação especial:* propostas oficiais da Itália, França, Estados Unidos e Espanha. Dissertação (Mestrado em Educação Especial) – Universidade Federal de São Carlos, São Carlos, 2011.

TANNÚS-VALADÃO, G.; MENDES, E. G. Inclusão escolar e o planejamento educacional individualizado: estudo comparativo sobre práticas de planejamento em diferentes países. *Revista Brasileira de Educação,* v. 23, artigo e230076, 2018.

YELL, M.; BATEMAN, D. F.; SHRINER, J. G. *Developing educationally meaningful and legally sound IEPs.* Lanham: Rowman & Littlefield, 2022.

## LEITURAS RECOMENDADAS

BRASIL. Ministério da Educação. *Resolução nº 4, de 2 de outubro de 2009.* Institui diretrizes operacionais para o atendimento educacional especializado na educação básica, modalidade educação especial. Brasília: Ministério da Educação, 2009. Disponível em: http://portal.mec.gov.br/dmdocuments/rceb004_09.pdf. Acesso em: 10 abr. 2025.

SANTOS, J. R. *Plano educacional individualizado (PEI) para estudantes com deficiência:* um protocolo para utilização nas instituições de ensino. Tese (Doutorado em Educação Especial) - Universidade Federal de São Carlos, São Carlos, 2023.

# 6

## Dificuldades leitoras e de linguagem no TEA: propostas de intervenção

Débora Regina de Paula Nunes
Elizabeth Walter

A linguagem é um sistema de símbolos arbitrários, socialmente construído e regido por regras, essencial para a comunicação, seja por meio da fala, da escrita, da língua de sinais ou de formas alternativas de comunicação que complementam ou substituem a fala. Além de possibilitar a interação social, desempenha um papel fundamental no desenvolvimento cognitivo. Como um sistema complexo e multidimensional, a linguagem organiza e estrutura o pensamento, facilitando o armazenamento e a codificação de informações, bem como a resolução de problemas.

Segundo o modelo proposto por Bloom e Lahey (1978), a linguagem é estruturada em três grandes domínios: *forma*, *conteúdo* e *uso*, que, por sua vez, se subdividem em subdomínios. A *forma* da linguagem engloba três componentes: a *fonologia*, que trata das regras sobre a estrutura, a distribuição e o sequenciamento dos sons da fala; a *morfologia*, responsável pelas regras que determinam as mudanças de significado dentro das palavras; e a *sintaxe*, que define a ordem das palavras, a organização das frases e as relações entre elas.

Já o *conteúdo* diz respeito ao significado e envolve a semântica, que rege as regras associadas ao significado das palavras e unidades gramaticais (Owens Jr, 2001; American Speech-Language-Hearing Association, c2025). O *uso* da linguagem, por sua vez, refere-se à pragmática, que orienta a interação social, a adaptação a diferentes contextos e a transmissão de intenções comunicativas, abrangendo não apenas o uso verbal, mas também os aspectos paralinguísticos e não verbais, como gestos e expressões faciais. Definições mais recentes ampliam esse conceito, incluindo comportamentos sociais, emocionais e comunicativos, evidenciando a interconexão entre a linguagem pragmática, as habilidades sociais e a compreensão emocional (Parsons *et al.*, 2017).

A leitura requer o processamento de uma linguagem descontextualizada, ou seja, dissociada de eventos imediatos. Nessa dinâmica, falante e ouvinte não compartilham a mesma experiência, tornando essencial que o falante construa o contexto por meio da expressão verbal, como na narração. Isso explica por que indivíduos com dificuldades de leitura também apresentam limitações narrativas, especialmente na coesão linguística, comprometendo a conexão lógica e fluida das ideias no texto (Owens Jr, 2001).

Para que a leitura seja desenvolvida, as habilidades linguísticas estruturais – que englobam forma, conteúdo e uso – são fundamentais. Essas habilidades não apenas garantem a compreensão dos significados das palavras, mas também organizam e aplicam esses significados de maneira adequada aos diferentes contextos. Deficiências nessas áreas podem prejudicar a capacidade de extrair e integrar informações, comprometendo, portanto, o aprendizado da leitura (Davidson, 2021; Kritsotakis; Morfidi, 2024).

Embora os distúrbios de linguagem não sejam critérios diagnósticos para o transtorno do espectro autista (TEA), indivíduos com essa condição frequentemente enfrentam dificuldades em diversos domínios linguísticos, o que tem um impacto significativo nas suas habilidades de leitura (Davidson; Kaushanskaya; Weismer, 2018; Nunes; Walter, 2016; Davidson, 2021; Delage *et al.*, 2021). O objetivo deste capítulo é, primeiramente, explorar a relação entre linguagem e leitura no contexto do autismo. Em seguida, são apresentadas duas práticas interventivas, apoiadas por evidências empíricas, que podem mitigar as dificuldades de leitura dessa população.

## A RELAÇÃO ENTRE LINGUAGEM E LEITURA

O desenvolvimento da linguagem é considerado basilar para a compreensão leitora. Isso porque a leitura está calcada em dois componentes, a *compreensão da linguagem* e o *reconhecimento de palavras*, que se constituem a partir de oito distintas competências ou "fios" que se entrelaçam (Scarborough, 2001; Kambach; Mesmer, 2024). Essa concepção de leitura, desenvolvida por Scarborough (2001), é graficamente conceituada como um sistema de fios que compõem uma corda, como a apresentada na Figura 6.1.

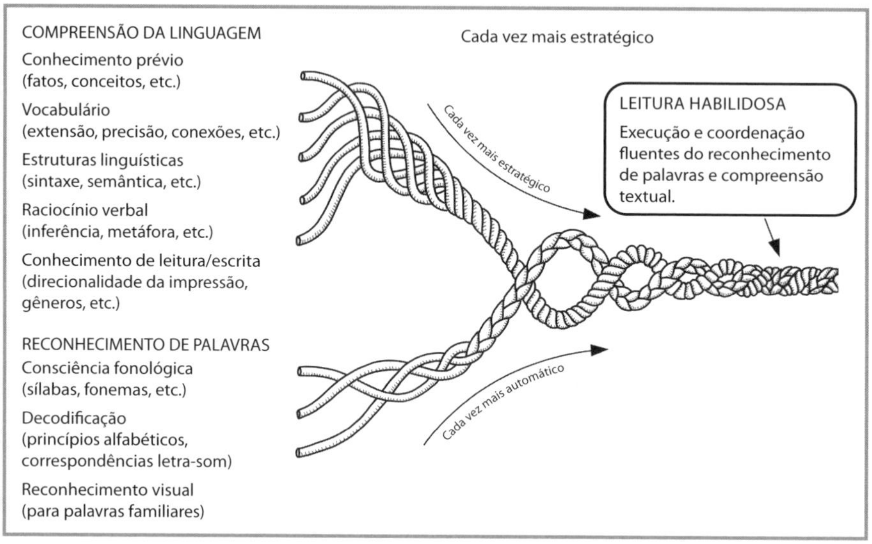


**Figura 6.1** – Corda de leitura.
**Fonte:** Scarborough (2001).

É possível observar, na Figura 6.1, que a *compreensão da linguagem* contempla cinco subcomponentes. O *conhecimento prévio* refere-se à habilidade de conectar informações que já se sabe com o conteúdo do texto. O *vocabulário* está relacionado ao conhecimento semântico, ou seja, à habilidade de reconhecer e entender o significado das palavras (Kambach; Mesmer, 2024). A *estrutura linguística* abrange os diferentes domínios e subdomínios da linguagem, com ênfase no *conhecimento morfossintático*, que possibilita a compreensão de como as palavras se combinam para formar sentenças coesas e com sentido (Davidson, 2021). O *raciocínio verbal* engloba habilidades como fazer inferências e estabelecer conexões entre ideias do texto, promovendo uma compreensão mais integrada. É relevante destacar que o termo "verbal" abrange tanto a linguagem oral quanto a escrita. No contexto da leitura, atividades que demandam raciocínio verbal incluem a elaboração de inferências, a organização sequencial de eventos, a síntese de informações textuais, o uso de metáforas e a análise e avaliação crítica do texto (Kambach; Mesmer, 2024). Além disso, o raciocínio verbal inclui a habilidade de *monitorar a compreensão leitora*, permitindo ao leitor avaliar sua própria compreensão e corrigir falhas durante o processo de leitura (Davidson, 2021; Nunes; Walter, 2016). Por fim, o *conhecimento de leitura/escrita* refere-se à familiaridade com os aspectos formais e funcionais da leitura e da escrita, como por onde começar a ler as palavras, a direcionalidade da impressão e o entendimento de diferentes gêneros textuais (Kambach; Mesmer, 2024).

O *reconhecimento de palavras* é, no modelo da corda de leitura, o segundo componente essencial da compreensão leitora, envolvendo três habilidades interligadas: 1) *consciência fonológica*, que permite identificar e manipular os sons das palavras; 2) *decodificação*, que é o processo de conversão de letras em sons e palavras; e 3) *reconhecimento visual das palavras*, que facilita a identificação instantânea de palavras sem a necessidade de decodificação (Scarborough, 2001).

É fundamental destacar que os componentes desse modelo atuam de maneira interdependente. A compreensão da leitura depende da familiaridade da criança com as palavras em sua forma falada e da capacidade de interpretar suas relações sintáticas e semânticas. Ademais, a ausência de conhecimentos prévios essenciais e de habilidades inferenciais pode comprometer a interpretação adequada do texto (Kambach; Mesmer, 2024).

Além da compreensão da linguagem e do reconhecimento de palavras, estudos têm destacado como fatores cruciais para a compreensão leitora as *funções executivas* e a *teoria da mente* (Davidson, 2021; Delage *et al.*, 2021). As funções executivas são um conjunto de habilidades cognitivas essenciais para o controle das ações, dos pensamentos e emoções do indivíduo. As funções executivas basilares incluem a *inibição*, a *memória de trabalho* e a *flexibilidade cognitiva* (Dias; Prust Pereira; Gotuzo Seabra, 2022).

A *inibição* é a capacidade de autorregulação que ajuda o leitor a manter o foco e a evitar distrações, sobretudo em textos longos ou complexos, estando ligada à atenção seletiva (Diamond, 2013). A *memória de trabalho*, por sua vez, é essencial para armazenar temporariamente informações verbais e não verbais. Ela possibilita a conexão dessas informações com o conhecimento prévio e a ativação de conteúdos da memória de longo prazo. Na leitura, essa habilidade permite a realização de inferências que enriquecem e ampliam a compreensão do texto (Dias; Prust Pereira; Gotuzo Seabra, 2022). Uma descrição pormenorizada sobre o perfil de funcionamento cognitivo no autismo pode ser encontrada no Capítulo 1 - Perfis de funcionamento cognitivo de pessoas com TEA e sua aplicação na educação.

Por fim, a *flexibilidade cognitiva* é a capacidade de ajustar pensamentos e comportamentos diante de mudanças, alternar entre tarefas e adaptar estratégias conforme as demandas da situação. Essa habilidade desempenha um papel central na aquisição da teoria da mente (Colé; Duncan; Blaye, 2014), que envolve a compreensão dos estados mentais de outras pessoas, como crenças, intenções e emoções, tanto de forma verbal quanto não verbal. No contexto da leitura, ambas são essenciais para interpretar as motivações dos personagens, compreender suas emoções e reconhecer elementos implícitos na narrativa, enriquecendo a compreensão do texto.

Em síntese, a leitura é uma habilidade complexa que envolve a interação entre processos linguísticos e cognitivos. Para entender um texto, é necessário construir uma representação mental do conteúdo, integrando conhecimentos prévios às novas informações. Para isso, é essencial que os leitores compreendam a estrutura sintática da linguagem, tenham um vocabulário amplo – estima-se que a compreensão de um texto dependa do domínio de 90 a 95% de seu vocabulário (Nagy; Scott, 2000) – e consigam relacionar as palavras ao seu repertório de experiências. Além disso, habilidades metacognitivas, experiência interpessoal e conhecimento prévio são fundamentais para a construção do significado.

## A relação entre linguagem e leitura no TEA

Como mencionado antes, os distúrbios de linguagem não são critérios diagnósticos para o autismo. No entanto, diversos estudos revelam características atípicas no desenvolvimento linguístico dessa população. Aproximadamente 30% dos indivíduos com autismo não desenvolvem a fala como meio de comunicação (Tager-Flusberg; Kasari, 2013). Além disso, estima-se que metade daqueles que adquirem linguagem oral enfrentem dificuldades em sua forma, seu conteúdo e/ou uso (Schaeffer *et al.*, 2023).

No que diz respeito à forma, são frequentes erros fonológicos, como a troca de "sapo" por "papo", dificuldades morfológicas, como o uso inadequado do plural ("a meninas foi ao parque"), e falhas sintáticas, como a inversão pronominal ("você quer suco" no lugar de "eu quero suco"). Quanto ao conteúdo, observa-se um vocabulário restrito e dificuldades na compreensão de palavras polissêmicas, como "banco" (assento ou instituição financeira) e "manga" (fruta ou parte da roupa). Também se identificam desafios na compreensão de verbos que expressam estados mentais, como "pensar", "sentir" e "acreditar". Em relação ao uso (pragmática), há dificuldades na compreensão das normas sociais de conversação, como esperar a vez de falar, escassez de contato visual durante a interação, prosódia inadequada e introdução de tópicos irrelevantes em uma conversa (Delage *et al.*, 2021; Parsons *et al.*, 2017; Schaeffer *et al.*, 2023).

Os déficits na *linguagem oral* e nos *domínios da linguagem* identificados em pessoas com autismo ajudam a explicar, em parte, a alta prevalência de dificuldades de leitura observada em mais de 40% dessa população (Davidson; Kaushanskaya; Weismer, 2018). Estima-se que entre 6 e 20% desses indivíduos tenham habilidades de decodificação que ultrapassam suas competências de compreensão leitora, caracterizando a condição conhecida como *hiperlexia* (Ostrolenk *et al.*, 2017). Nesses casos, o leitor emprega, com destreza, a estratégia alfabética[1] para decodificar a escrita, mas limita-se a focar na correspondência entre grafemas e fonemas, negligenciando os aspectos semânticos da linguagem. Assim, a leitura é tratada como uma tarefa estatística, centrada no reconhecimento de padrões e regularidades entre letras e sons, em vez de ser compreendida como uma ferramenta de comunicação (Cardoso-Martins; Silva, 2010).

Embora muitos indivíduos com autismo possam decodificar palavras escritas,[2] costumam enfrentar dificuldades para integrar informações e construir significados, especialmente ao conectar o conteúdo lido aos seus conhecimentos prévios. Estima-se que 65% desses indivíduos apresentem déficits na compreensão leitora (Davidson, 2021). Esses prejuízos podem estar relacionados a diversas atipicidades cognitivas ou linguísticas, desta-

1 Nos estágios iniciais da aprendizagem da leitura, predomina a *estratégia logográfica*, que se baseia no reconhecimento visual e contextual das palavras, sem uma análise detalhada das letras. À medida que o leitor avança, ele começa a empregar a *estratégia alfabética*, que envolve a decodificação grafema-fonema, permitindo a identificação de palavras regulares por meio da correlação entre sons e letras. Com o aprimoramento das habilidades, o leitor transita para a *estratégia ortográfica*, que se caracteriza pelo reconhecimento automatizado de palavras, utilizando um léxico mental que permite a leitura direta e rápida de palavras regulares e irregulares, sem a necessidade de mediação fonológica (Seabra; Dias, 2012).

2 É importante, no entanto, destacar que pessoas com diagnóstico de autismo associado a distúrbios de linguagem tipicamente apresentam, também, prejuízos na decodificação de palavras (Davidson; Kaushanskaya; Weismer, 2018; Delage *et al.*, 2021).

cando-se déficits nas funções executivas, na teoria da mente e no desenvolvimento do vocabulário (Nunes; Walter, 2016).

Pessoas com autismo tipicamente apresentam déficits nas funções executivas, como a inibição e a memória de trabalho. Essas limitações comprometem a capacidade de selecionar informações relevantes em um texto e de filtrar distrações. Como consequência, essa população encontra dificuldades na organização das informações, o que prejudica a habilidade de sequenciar eventos em uma história. Além disso, enfrentam obstáculos no planejamento, o que exige a integração de múltiplas fontes de informação, incluindo o conhecimento prévio. Outra barreira observada é no monitoramento da compreensão leitora, o que interfere na criação de imagens mentais e na capacidade de resumir as informações de maneira eficaz (Nunes; Walter, 2016).

Estudos indicam que déficits na teoria da mente, comuns em pessoas com autismo, dificultam a compreensão de objetivos, sentimentos e motivações de personagens, além de prejudicar a realização de inferências intra e extratextuais (Davidson, 2021; Whalon; Delano; Hanline, 2013; Nunes; Walter, 2016). Por exemplo, ao ler a frase "Lourenço encheu a garrafa térmica, pegou a cuia e a erva-mate, e sentou-se na varanda", indivíduos com autismo podem decodificar as palavras, mas ter dificuldade em entender que Lourenço está preparando um chimarrão (inferência intratextual) ou associar a ação a uma tradição cultural gaúcha (inferência extratextual). Similarmente, esses leitores podem ter dificuldades em identificar pensamentos e sentimentos dos personagens ou estabelecer relações anafóricas, prejudicando a compreensão global do texto (Whalon; Delano; Hanline, 2013; Nunes; Walter, 2016). No trecho "Leila estava suando frio. Ela respirou fundo e olhou para o público", pode ser difícil perceber que Leila está ansiosa por estar diante de uma plateia ou associar o pronome "ela" à personagem Leila.

Três aspectos essenciais do vocabulário merecem destaque. Primeiro, a habilidade de reconhecer e compreender palavras na linguagem oral facilita a identificação das palavras escritas. No entanto, cerca de uma em cada três pessoas com autismo não desenvolve a fala para comunicação (Tager-Flusberg; Kasari, 2013). Em segundo lugar, indivíduos com autismo frequentemente apresentam um repertório lexical mais restrito, o que compromete a compreensão leitora (Nunes *et al.*, 2021). Por fim, tanto o vocabulário receptivo quanto o expressivo desempenham um papel crucial no desenvolvimento da leitura (Scarborough, 2001; Guimarães; Mousinho, 2019). Em pessoas com autismo, observa-se uma disparidade entre esses dois tipos de vocabulário, que pode variar em direção e magnitude. Em alguns casos, a produção verbal excede a compreensão, enquanto em outros, ocorre o oposto. Essas variações nos padrões de vocabulário são evidentes em diferentes estudos, com alguns não encontrando diferenças significativas (McDaniel *et al.*, 2018).

## PRÁTICAS DE INTERVENÇÃO LEITORA

Diversos autores discorrem sobre práticas eficazes de intervenção em leitura para indivíduos com autismo (Boyle; McNaughton; Chapin, 2019; Conner *et al.*, 2023). Entre as estratégias mais comuns, estão aquelas que abordam aspectos linguísticos e cognitivos fundamentais para o desenvolvimento da leitura, destacando-se o ensino de vocabulário e a leitura compartilhada, discutidos nesta seção.

### Ensino de vocabulário

O vocabulário refere-se ao entendimento dos significados das palavras, seja por meio da linguagem falada ou escrita, envolvendo tanto a produção (uso ativo das palavras) quanto a compreensão (entendimento das palavras) (McDaniel *et al.*, 2018; Guimarães; Mousinho, 2019). Como descrito no modelo de Scarborough (2001), ele desempenha um papel fundamental no desenvolvimento da leitura, tornando indispensável a adoção de estratégias que incentivem sua aquisição. Nesse sentido, é fundamental, primeiro, selecionar o vocabulário a ser ensinado e, em seguida, as estratégias para ensiná-lo.

Para orientar a seleção do vocabulário a ser ensinado, Beck e McKeown (1985) e Beck, McKeown e Kucan (2013) elaboraram uma classificação que organiza as palavras em três níveis[3] distintos, com base em sua frequência de uso, significado e complexidade. O Quadro 6.1 apresenta cada um dos níveis, sua descrição e exemplos.

[3] Embora esse modelo seja amplamente utilizado nos Estados Unidos, no Brasil a avaliação do vocabulário infantil é tratada de forma um pouco diferente. Um exemplo disso é o Protocolo de Identificação do Repertório do Vocabulário (PIRV), desenvolvido por Paura (2009), que é um instrumento de avaliação do vocabulário de crianças, principalmente aquelas com deficiência, incluindo as que utilizam comunicação alternativa e aumentativa (CAA). O PIRV classifica as palavras de acordo com temas semânticos e sintáticos, agrupando vocabulários em 18 categorias, como "alimentos", "partes do corpo", "animais", "verbos", entre outras.

**QUADRO 6.1** – Níveis de vocabulário com base no modelo de Beck, McKeown e Kucan

| Nível | Descrição | Exemplos |
|---|---|---|
| **Nível 1** | Palavras básicas e cotidianas, frequentemente usadas na linguagem falada, aprendidas de forma natural no ambiente familiar e social. Têm significados concretos e alta frequência | "menina", "dormir", "bonita" |
| **Nível 2** | Termos menos frequentes nas conversas cotidianas, mas comuns em textos literários e acadêmicos. São essenciais para a compreensão de conteúdos complexos e a expressão precisa de ideias. | "hipótese", "generoso", "atributo", "adequado" |
| **Nível 3** | Palavras específicas de áreas de estudo ou profissões, com baixa frequência fora de contextos especializados. São ensinadas conforme a necessidade em situações acadêmicas ou profissionais. | "fotossíntese", "molaridade", "termodinâmica" |

**Fonte:** Elaborado com base em Beck, McKeown e Kucan (2013).

Em relação às estratégias de ensino do vocabulário, a literatura destaca três elementos essenciais (McKeown, 2019; Coyne *et al.*, 2009; McKeown; Beck, 2014). O primeiro consiste em apresentar o significado das palavras em conjunto com o contexto, facilitando a associação entre o vocábulo e seu real significado. Estratégias como completar sentenças com antônimos são eficazes: "Joca levou mais comida do que precisava e não quis compartilhar com ninguém. Ele foi... (generoso/egoísta)".

O segundo elemento enfatiza a importância do engajamento ativo, incentivando a criança a justificar suas escolhas. Ao explicar por que "egoísta" é a opção correta, reforça-se não apenas o significado da palavra, mas também se aprofunda sua compreensão sobre seu uso no contexto, ajudando a internalizar o vocabulário e facilitando sua utilização em situações semelhantes.

Por fim, a exposição da palavra em múltiplos contextos amplia suas conexões e seus significados. Cada novo encontro com o vocábulo contribui para consolidar o aprendizado. Para reforçar esse processo, é fundamental que professores, funcionários e familiares utilizem as palavras ensinadas no cotidiano, criando diversas oportunidades para que os alunos as empreguem em diferentes situações (Wanzek; Wood; Schatschneider, 2023).

## Leitura compartilhada

A leitura compartilhada consiste em uma prática interventiva em que um mediador lê uma história em voz alta para uma criança enquanto faz perguntas e tece comentários (Medeiros; Flores, 2016; Boyle; McNaughton; Chapin, 2019; Queiroz *et al.*, 2020). As perguntas formuladas são adaptadas à capacidade cognitiva da criança e seguem o modelo que Blank, Rose e Berlin elaboraram em 1978, que classifica as questões em quatro níveis de complexidade: compreensão literal, descrição, reorganização e raciocínio abstrato (Quadro 6.2). Essa abordagem visa estimular a participação ativa da criança, contribuindo para o enriquecimento do vocabulário e para a melhor assimilação do conteúdo do texto (Berlin; Blank; Rose, 1980).

**QUADRO 6.2** – Níveis de complexidade das perguntas usadas na leitura compartilhada

| Nível | Descrição | Exemplo |
|---|---|---|
| **Nível 1 (Compreensão literal)** | Perguntas sobre informações explícitas e visíveis, como identificação de objetos ou ações. | "Mostre-me o cachorro." |
| **Nível 2 (Descrição)** | Perguntas literais mais elaboradas, solicitando descrição de características, recordação de informações ou conhecimento de funções. | "O que ele está fazendo?" |
| **Nível 3 (Reorganização)** | Perguntas que requerem conexões ou inferências a partir de informações fornecidas, incluindo perguntas abstratas. | "Por que você acha que ele está triste?" |
| **Nível 4 (Raciocínio abstrato)** | Perguntas que estimulam previsões, generalizações ou hipóteses, exigindo abstração. Envolve resolução de problemas ou formulação de hipóteses. | "O que aconteceria se...?" |

A leitura dialógica, uma variação da leitura compartilhada, segue um protocolo específico de comportamentos mediadores, conhecido pelo acrônimo CROWD (do inglês *Completion, Recall, Open-ended, Wh-questions, Distancing*), desenvolvido por Whitehurst *et al.* (1988). O Quadro 6.3 traz definições e exemplos desses comportamentos.

**QUADRO 6.3** – Exemplos de tipos de comportamento mediador do acrônimo CROWD

| Comportamento mediador | Descrição | Exemplos |
|---|---|---|
| **Completar (C, *completion*)** | Consiste em interromper uma frase para incentivar a criança a completá-la, promovendo sua participação ativa. | "Durante a noite o cachorro latia, latia e ..." |
| **Evocar (R, *recall*)** | Envolve a recuperação de passagens do texto, reforçando a compreensão e a memória. | "Você se lembra com quem o cachorro foi passear?" |
| **Final aberto (O, *open-ended*)** | Refere-se a perguntas que estimulam respostas mais elaboradas, além do simples "sim" ou "não", incentivando a reflexão da criança. | "O que está acontecendo nesta página?" |
| **Perguntas (W, *wh-questions*)** | Utiliza questionamentos que começam com palavras como "quem", "onde", "como", "o que" e "por que", ajudando a criança a fazer inferências e aprofundar sua compreensão sobre o conteúdo da leitura. | "Onde está a menina?"; "O que pode acontecer se o cachorro escapar?"; "Como você acha que o Lou se sentiu quando se perdeu de sua mãe?". |
| **Distanciamento (D, *distancing*)** | Propõe perguntas que conectam os temas abordados na história com as experiências pessoais da criança, favorecendo uma reflexão mais ampla e uma relação mais íntima com o conteúdo. | "Você gosta mais de cachorro ou de gato?" |

Para apresentar as perguntas representadas pelo CROWD, o adulto emprega um conjunto de quatro estratégias mediadoras, representadas pelo acrônimo PEER (do inglês *Prompt, Evaluate, Expand, Repeat, distancing* - Perguntar, Avaliar, Expandir, Repetir) (Whitehurst *et al.*, 1994), descritas no Quadro 6.4.

**QUADRO 6.4** – Exemplos das estratégias no acrônimo PEER

| Estratégia | Definição | Exemplo |
|---|---|---|
| **Perguntar (P, *prompt*)** | O leitor faz uma pergunta sobre a história. | Adulto: *"Quem estava na praça?"* |
| **Avaliar (E, *evaluate*)** | Avalia se a resposta da criança está correta, incorreta, incompleta. | Criança: *"O cachorro."* O adulto avalia. |
| **Expandir (E, *expand*)** | Expande a resposta acrescentando novas informações. | Adulto: *"Muito bem! O cachorro e a menina estavam na praça."* |
| **Repetir (R, *repeat*)** | Encoraja a criança a repetir a resposta com as novas informações. | Adulto: *"Quem estava na praça?"* Criança: *"O cachorro e a menina estavam na praça."* |

## Leitura dialógica adaptada: RECALL

Embora a leitura dialógica favoreça o desenvolvimento da linguagem e do vocabulário em crianças com desenvolvimento típico, ela não atende completamente às necessidades das crianças com TEA, requerendo adaptações específicas (Whalon *et al.*, 2015; Walter; Nunes, 2020; Guevara; Queiroz; Flores, 2017; Nunes *et al.*, 2021; Walter; Romcy-Pereira; Nunes, 2025; Boyle *et al.*, 2019). Entre os modelos adaptados de leitura dialógica, destaca-se o *Reading to Engage Children with Autism in Language and Learning* (RECALL, *Ler para Engajar Crianças com Autismo na Linguagem e na Aprendizagem*, em tradução livre) (Whalon; Delano; Hanline 2013). Esse protocolo amplia o modelo CROWD com perguntas adicionais de inferência e identificação emocional. As perguntas de inferência incentivam a criança a prever eventos a partir da história, estimulando a habilidade de "ler nas entrelinhas", enquanto as questões de identificação emocional auxiliam no reconhecimento das emoções dos personagens, habilidades muitas vezes desafiadoras para indivíduos com autismo (Walter; Nunes, 2020; Whalon *et al.*, 2015).

Enquanto a leitura dialógica utiliza comportamentos mediadores do modelo PEER, o RECALL adota o modelo PEEP (do inglês *Prompt, Evaluate, Expand, Praise* - Perguntar, Avaliar, Expandir, Elogiar). Nesse contexto, a repetição prevista no PEER é substituída pelo elogio do adulto à resposta correta da criança. Além disso, o RECALL incorpora três estratégias ausentes na leitura dialógica: atenção compartilhada, pausas intencionais e dicas visuais (Whalon; Delano; Hanline, 2013). A atenção compartilhada visa desenvolver a atenção conjunta, uma habilidade frequentemente comprometida em indivíduos com autismo (Whalon *et al.*, 2015). Para isso, o mediador utiliza estímulos verbais ou visuais para direcionar o olhar da criança para o livro, como ao dizer "Que legal! Olha isso!" enquanto aponta para uma figura ou palavra. A pausa intencional, por sua vez, promove a iniciativa comunicativa, outro desafio comum no autismo. Nesse caso, o mediador faz uma pergunta, como "O que está acontecendo aqui?", faz uma pausa de 3 a 5 segundos e mantém um olhar expectante para incentivar a resposta da criança (Whalon *et al.*, 2015).

Por fim, as dicas visuais, organizadas em livretos, consistem em pequenos blocos de papel com perguntas relacionadas às passagens do livro, acompanhadas de opções ilustradas de respostas. Após ler uma passagem da história "Chapeuzinho Vermelho", o mediador pode apontar para os doces ilustrados na página do livro e perguntar: "Quem levou os doces para a vovozinha?". Se a criança não responder, o mediador então apresenta o livreto, que contém três opções de resposta, e refaz a pergunta. Um exemplo dessa página do livreto está ilustrado na Figura 6.2.

**Figura 6.2** – Página da história "Chapeuzinho Vermelho" acompanhada do livreto.
**Fonte:** Elaborada com base em Natasha_Chetkova, Teguh Mujiono e Bannykh Alexey Vladimirovich/Shutterstock.com.

Esses recursos, planejados previamente, são aplicados de forma sistemática, seguindo uma hierarquia de dicas visuais conforme a resposta da criança (Walter; Nunes, 2020). Essa hierarquia consiste na redução gradual do suporte oferecido: inicialmente, a criança escolhe entre três opções; se errar, uma alternativa é removida, restando duas; em caso de novo erro, apenas a resposta correta permanece disponível. A Figura 6.3 apresenta a hierarquia de dicas com os recursos visuais.

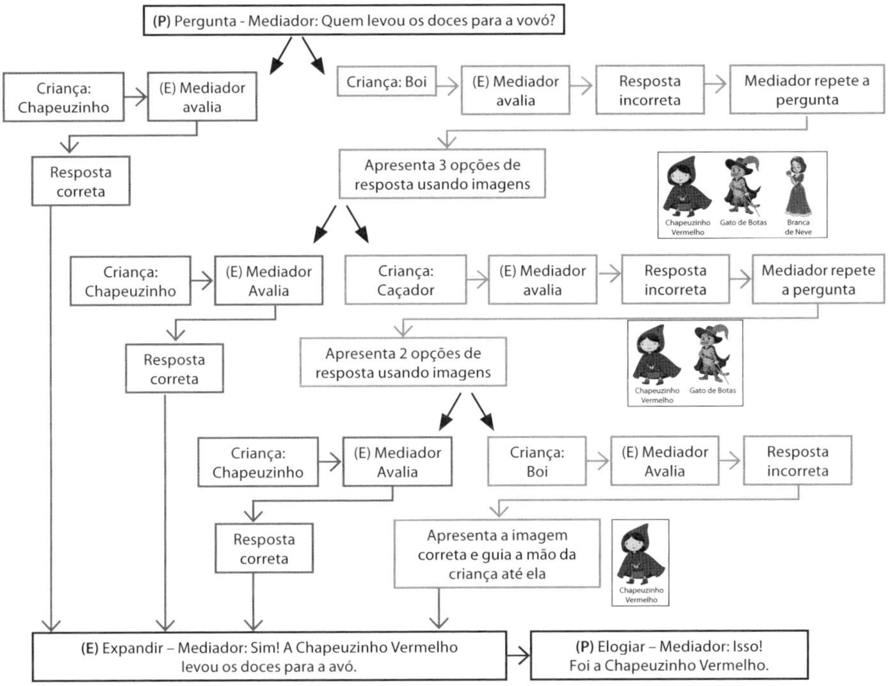


**Figura 6.3** – Hierarquia de dicas com recursos visuais usados no RECALL.

**Fonte:** Das autoras, com ilustrações de Natasha_Chetkova, Teguh Mujiono e Bannykh Alexey Vladimirovich/Shutterstock.com.

Diversos estudos nacionais e internacionais têm demonstrado a efetividade do uso do RECALL – e de suas adaptações – em crianças com autismo (Silva *et al*, 2019; Walter; Romcy-Pereira; Nunes, 2025; Müller; Nunes; Schmidt, 2023; Nunes *et al.*, 2021; Whalon *et al.*, 2015). Entre esses, destacam-se pesquisas que analisaram, simultaneamente, crianças com desenvolvimento típico e crianças com autismo (Müller; Nunes; Schmidt, 2023; Nunes *et al.*, 2021; Walter; Romcy-Pereira; Nunes, 2025). Os resultados promissores dessas pesquisas indicam que o RECALL pode beneficiar não apenas educandos com transtornos do desenvolvimento, mas também crianças típicas. Esse achado é particularmente relevante, pois evidencia o potencial do protocolo para ser adaptado a contextos de educação inclusiva, promovendo a aprendizagem conjunta de crianças com e sem deficiência.

## CONSIDERAÇÕES FINAIS

O desenvolvimento da linguagem é um processo complexo e interligado no qual aspectos morfossintáticos, semânticos e pragmáticos desempenham papéis fundamentais na capacidade do indivíduo de organizar, interpretar e integrar informações essenciais para a compreensão leitora. No caso de indivíduos com autismo, as dificuldades nos diferentes domínios da linguagem podem afetar negativamente suas habilidades de leitura. Dessa forma, o apoio às habilidades linguísticas estruturais, sobretudo nas áreas semântica e pragmática, pode ser crucial para minimizar essas dificuldades.

As práticas interventivas descritas neste capítulo, como o ensino explícito de vocabulário e os protocolos de leitura compartilhada, demonstram eficácia tanto para educandos com autismo quanto para seus pares de desenvolvimento típico. Essas abordagens se mostram promissoras no contexto inclusivo, evidenciando que procedimentos adaptados às necessidades individuais podem beneficiar a aprendizagem de todos os alunos. Assim, essas estratégias oferecem um caminho valioso para a promoção de um ambiente educacional equitativo.

## REFERÊNCIAS

AMERICAN SPEECH-LANGUAGE-HEARING ASSOCIATION. *Language in brief*. c2025. Disponível em: https://www.asha.org/Practice-Portal/Clinical-Topics/Spoken-Language-Disorders/Language-In-Brief/. Acesso em: 13 abr. 2025.

BECK, I. L.; MCKEOWN, M. G. Teaching vocabulary: making the instruction fit the goal. *Educational Perspectives,* v. 23, n. 1, p. 11-15, 1985.

BECK, I. L.; MCKEOWN, M. G.; KUCAN *Bringing words to life*: robust vocabulary instruction. 2. ed. New York: Guilford, 2013.

BERLIN, L. J.; BLANK, M.; ROSE, S. A. The language of instruction: the hidden complexities. *Topics in Language Disorders,* v. 1, n. 1, p. 47-58, 1980.

BLOOM, L.; LAHEY, M. *Language development and language disorders*. New York: John Wiley & Sons, 1978.

BOYLE, S. A.; MCNAUGHTON, D.; CHAPIN, S. E. Effects of shared reading on the early language and literacy skills of children with autism spectrum disorders: a systematic review. *Focus on Autism and Other Developmental Disabilities,* v. 34, n. 4, p. 205-214, 2019.

CARDOSO-MARTINS, C.; SILVA, J. R. Cognitive and language correlates of hyperlexia: evidence from children with autism spectrum disorders. *Reading & Writing*, v. 23, n. 2, p. 129-145, 2010.

COLÉ, P.; DUNCAN, L. G.; BLAYE, A. Cognitive flexibility predicts early reading skills. *Frontiers in Psychology*, v. 5, article 565, 2014.

CONNER, C. *et al.* A synthesis of reading comprehension interventions and measures for students with autism spectrum disorder and intensive support needs. *Review Journal of Autism and Developmental Disorders*, v. 10, n. 4, p. 712-728, 2023.

COYNE, M. D. *et al.* Direct vocabulary instruction in kindergarten: teaching for breadth versus depth. *Elementary School Journal,* v. 110, n. 1, p. 1-18, 2009.

DAVIDSON, M. M. Reading comprehension in school-age children with autism spectrum disorder: examining the many components that may contribute. *Language, Speech, and Hearing Services in Schools*, v. 52, n. 1, p. 181-196, 2021.

DAVIDSON, M. M.; KAUSHANSKAYA, M.; WEISMER, S. E. Reading comprehension in children with and without ASD: the role of word reading, oral language, and working memory. *Journal of Autism and Developmental Disorders*, v. 48, n. 10, p. 3524-3541, 2018.

DELAGE, H. *et al.* A preliminary examination of the impact of working memory training on syntax and processing speed in children with ASD. *Journal of autism and developmental disorders*, v. 52, n. 10, p. 4233-4251, 2021.

DIAMOND, A. Executive functions. *Annual Review Psychol*ogy, v. 64, p. 135-168, 2013.

DIAS, N. M.; PRUST PEREIRA, A.; GOTUZO SEABRA, A. Executive functions in the prediction of academic performance in elementary education. *Psicologia:* Teoria e Pesquisa, v. 38, artigo e382114, 2022.

GUEVARA, V. L. S.; QUEIROZ, L. R.; FLORES, E. P. Implicações da leitura dialógica em crianças com autismo: um estudo preliminar no contexto escolar. *Cadernos de Pós-Graduação em Distúrbios do Desenvolvimento*, v. 17, n. 1, p. 87-99, 2017.

GUIMARÃES, S. B.; MOUSINHO, R. Papel do vocabulário para as habilidades de compreensão leitora. *Psico-USF*, v. 24, n. 4, p. 685-697, 2019.

KAMBACH, A. E.; MESMER, H. A. Comprehension for emergent readers: revisiting the reading rope. *Reading Teacher*, v. 77, n. 6, p. 888-898, 2024.

KRITSOTAKIS, G.; MORFIDI, E. Reading comprehension and linguistic abilities of children with and without specific learning difficulties: theoretical and educational implications. *Education Sciences*, v. 14, n. 8, article 884, 2024.

MCDANIEL, J. *et al.* Predicting receptive–expressive vocabulary discrepancies in preschool children with autism spectrum disorder. *Journal of Speech, Language, and Hearing Research*, v. 61, n. 6, p. 1426-1439, 2018.

MCKEOWN, M. G. Effective vocabulary instruction fosters knowing words, using words, and understanding how words work. *Language, Speech, and Hearing Services in Schools*, v. 50, n. 4, p. 466-476, 2019.

MCKEOWN, M. G.; BECK, I. L. Effects of vocabulary instruction on measures of language processing: comparing two approaches *Early Childhood Research Quarterly,* v. 29, n. 4, p. 520-530, 2014.

MEDEIROS, F.; FLORES, E. P. Comprehension of stories after dialogic reading with questions based on narrative thematic dimensions. *Psicologia:* Teoria e Pesquisa, v. 32, 2016. Número Especial.

MÜLLER, K. F.; NUNES, D. R. P.; SCHMIDT, C. Caregiver implemented dialogic reading: impact on children with and without autism in Brazil. *International Journal of Special Education*, v. 38, n. 1, p. 47-57, 2023.

NAGY, W. E.; SCOTT, J. A. Vocabulary processes. *In*: KAMIL, M. L. *et al.* (ed.). *Handbook of reading research.* Lawrence Erlbaum Associates, 2000. v. 3, cap. 18, p. 269-284.

NUNES, D. R. P.; WALTER, E. C. Processos de leitura em educandos com autismo: um estudo de revisão. *Revista Brasileira de Educação Especial*, v. 22, n. 4, p. 619-632, 2016.

NUNES, D. *et al.* Effects of dialogic reading on the vocabulary knowledge of preschoolers with autism spectrum disorder. *International Journal of Disability, Development and Education*, v. 69, n. 1, p. 282-301, 2021.

OSTROLENK, A. *et al.* Hyperlexia: systematic review, neurocognitive modelling, and outcome. *Neuroscience and biobehavioral reviews*, v. 79, p. 134-149, 2017.

OWENS JR, R. E. *Language development:* an introduction. Boston: Allyn & Bacon, 2001.

PARSONS, L. *et al.* A systematic review of pragmatic language interventions for children with autism spectrum disorder. *PLoS ONE,* v. 12, n. 4, article e0172242, 2017.

PAURA, A. C. *Estudo de vocábulos para proposta de instrumento de avaliação do vocabulário de crianças não oralizadas*. Tese (Doutorado em Educação) – Faculdade de Filosofia e Ciências, Universidade Estadual Paulista, Marília, 2009.

QUEIROZ, L. R. *et al*. Dialogic reading: effects on independent verbal responses, verbal and non-verbal initiations, and engagement of children with autism spectrum disorder. *International Journal of Psychology & Psychological Therapy, v. 20, n.* 1, p. 47-59, 2020.

SCARBOROUGH, H. S. Connecting early language and literacy to later reading (dis)abilities: evidence, theory, and practice. *In*: NEUMAN, S. B.; DICKINSON, D. K. (ed.). *Handbook of early literacy research*. New York: Guilford, 2001. v. 1, p. 97-110.

SCHAEFFER, J. *et al*. Language in autism: domains, profiles and co-occurring conditions. *Journal of Neural Transmission*, v. 130, n. 3, p. 433-457, 2023.

SEABRA, A. G.; DIAS, N. M. Reconhecimento de palavras e compreensão de leitura: dissociação e habilidades linguístico-mnemônicas preditoras. *Revista Neuropsicologia Latinoamericana*, v. 4, p. 43-56, 2012. Número Especial.

SILVA, S. P. N. *et al*. Avaliação dos efeitos de um programa de leitura e comunicação para crianças com autismo. *Revista Educação Especial*, v. 32, artigo e120, 2019.

TAGER-FLUSBERG, H.; KASARI, C. Minimally verbal school-aged children with autism spectrum disorder: the neglected end of the spectrum. *Autism Research*, v. 6, n. 6, p. 468-478, 2013.

WALTER, E. C.; NUNES, D. R. P. Avaliação da eficácia de um programa de compreensão da leitura oral dialógica por criança com autismo. *ETD Educação Temática Digital*, v. 22, n. 1, p. 27-49, 2020.

WALTER, E. C.; ROMCY-PEREIRA, R. N.; NUNES, D. R. P. Avaliação da eficácia de dois programas de leitura dialógica na compreensão de crianças com transtorno do espectro do autismo e desenvolvimento típico. *Revista Brasileira de Estudos Pedagógicos*, v. 106, n. 1, artigo e6175, 2025.

WANZEK, J.; WOOD, C.; SCHATSCHNEIDER, C. Teacher vocabulary use and student language and literacy achievement. *Journal of Speech, Language, and Hearing Research*, v. 66, n. 9, p. 3574-3587, 2013.

WHALON, K.; DELANO, M. E.; HANLINE, M. F. A rationale and strategy for adapting dialogic reading for children with autism spectrum disorder: RECALL. *Preventing School Failure: Alternative Education for Children and Youth, v. 57*, n. 2, p. 93-101, 2013.

WHALON, K. *et al.* The impact of reading to engage children with autism in language and learning (RECALL). *Topics in Early Childhood Special Education*, v. 35, n. 2, p. 102-115, 2015.

WHITEHURST, G. J. *et al.* A picture book reading intervention in day care and home for children from low-income families. *Developmental Psychology, v. 30, n.* 5, p. 679-689, 1994.

WHITEHURST, G. J. *et al.* Accelerating language development through picture book reading. *Developmental Psychology, v. 24, n.* 4, p. 552-559, 1988.

# 7

# Comunicação alternativa e TEA em sala de aula

Cátia Crivelenti de Figueiredo Walter[1]

Os indivíduos com transtorno do espectro autista (TEA) enfrentam uma série de dificuldades de linguagem que podem afetar sua comunicação e interação social. A ausência de comunicação verbal pode limitar a capacidade de expressar necessidades, desejos e emoções quando a fala não está presente ou quando não se manifesta de forma funcional.

Embora algumas pessoas não verbais possam usar sistemas de comunicação alternativos, sua implementação e seu uso efetivo costumam ser um desafio, principalmente para os professores, quando se deparam com alunos com TEA sem fala funcional nas salas de aula (Camargo; Bosa, 2009). Mesmo aqueles que conseguem entender algumas palavras podem ter dificuldades em compreender uma linguagem complexa, metáforas ou linguagem figurativa. Isso pode levar a mal-entendidos em situações sociais desconfortantes, como os transtornos de conduta e comportamentos auto e heteroagressivos, que geralmente ocorrem como consequência das dificuldades de comunicação.

As crianças com TEA podem ter estilos de aprendizado que não se alinham com os métodos tradicionais de ensino, dificultando a aprendizagem de habilidades linguísticas ou de comunicação. Essas dificuldades podem

[1] Capítulo dedicado à memória de Leila Regina d'Oliveira de Paula Nunes *(In memoriam)* pela sua valiosa contribuição à educação especial. Em especial, por meio de suas pesquisas que, de uma forma ou outra, permeiam a escrita deste capítulo.

variar muito de um indivíduo para outro, e abordagens personalizadas, envolvendo terapia da fala, suporte educacional e intervenções comportamentais, podem ser úteis para melhorar a comunicação e a integração social de indivíduos não verbais com TEA.

Hoje, conhecer mais sobre os comportamentos de um aluno com TEA é prioridade, o que implica, necessariamente, a atenção e o cuidado individual quanto ao desenvolvimento do engajamento social e da comunicação desde os anos iniciais (Walter, 2017). É preciso investir mais em intervenções precoces que promovam as formas alternativas de comunicação para que as crianças com TEA possam acompanhar melhor o contexto escolar e se engajar mais em situações dialógicas e rotinas acadêmicas.

O presente capítulo tem como objetivo destacar as dificuldades de linguagem em indivíduos com TEA não verbais, sem fala funcional, e apresentar intervenções com base na comunicação alternativa e aumentativa (CAA), considerando o período escolar e o processo de formação inicial e continuada de professores. Trata-se de experiências práticas realizadas em projetos de pesquisa do Programa de Pós-graduação em Educação, da Universidade do Estado do Rio de Janeiro (Proped-UERJ).

São destacadas duas pesquisas que abordaram a formação inicial com graduandos de pedagogia e a formação continuada com professores do atendimento educacional especializado (AEE) da rede de educação do município do Rio de Janeiro, descrevendo seus impactos em dois alunos com TEA no uso do PECS-Adaptado (Pessoas Engajadas Comunicando Socialmente) (Walter, 2000) em sala de aula regular.

## COMUNICAR É PRECISO SEMPRE: O USO DA CAA POR ALUNOS COM TEA

As dificuldades de comunicação apresentadas pelos alunos com TEA incluídos nas salas de aula do ensino fundamental são apontadas pelos professores como um fator muito desfavorável ao sucesso escolar. Ausência de fala funcional, vocabulário restrito, ecolalia, falha ao responder ou fazer perguntas e solicitar algo desejado, enfim, dificuldade em estabelecer contato com seus pares e com os professores são caraterísticas comumente encontradas nessa população (Perissinoto; Walter; Donati, 2024). O prejuízo linguístico no TEA envolve problemas na comunicação não verbal, nos processos simbólicos, na produção da fala, nos aspectos pragmáticos da linguagem, nas habilidades que precedem a linguagem, na compreensão da fala e no uso de gestos simbólicos e das mímicas (Tomazelo 2003; Von Tetzchner *et al.*, 2004).

Uma parcela expressiva de alunos com TEA não faz uso da fala funcional, tampouco desenvolve, de maneira espontânea, repertórios não verbais de comunicação, trazendo um grande desafio aos professores. Nessa perspectiva, a CAA – compreendida como formas de expressão que podem substituir a fala ininteligível, não funcional ou inexistente – torna-se uma alternativa promissora para esse contingente de pessoas (Nunes; Schmidt; Azevedo, 2016).

Segundo von Tetzchner e Martinsen (1996), a CAA – também chamada de comunicação não oral, comunicação assistida, comunicação ampliada ou comunicação suplementar – refere-se a uma forma de comunicação que utiliza um ou mais recursos gráficos visuais, táteis e/ou gestuais que complementam ou substituem a linguagem oral comprometida ou ausente. A comunicação alternativa engloba aspectos muito mais importantes do que simplesmente o uso de recursos eletrônicos ou pranchas contendo figuras ou pictogramas; ela necessita de interlocutores atentos e interessados em se comunicar com a pessoa que não se comunica por meio da fala ou fala funcional (Nunes, 2003).

A CAA é uma área interdisciplinar, portanto o sucesso do trabalho do professor que atua com esses alunos não falantes depende da ação integrada e complementar de diversas áreas de conhecimento, com objetivos instrumentais distintos, unidas em torno de um objetivo último comum, que é satisfazer as necessidades complexas de comunicação (NCC) desses alunos.

Na literatura científica internacional, a efetividade da CAA em pessoas com TEA é bem documentada em pesquisas metanalíticas e revisões descritivas (Schlosser; Wendt, 2008; Preston; Carter, 2009; Van Der Meer; Rispoli, 2010; Ganz, 2015; Heath *et al.*, 2015; Kent-Walsh *et al.*, 2015; Reichle *et al.*, 2016). Pesquisas brasileiras dessa natureza são, no entanto, escassas. De fato, são encontrados apenas estudos de revisão que abordam essa temática (Mizael; Aiello, 2013; Nunes; Schmidt; Azevedo, 2016; Nunes; Walter, 2018).

O *Picture Exchange Communication System* (PECS), descrito por Bondy e Frost (1994), foi desenvolvido para crianças com TEA como meio de facilitar a comunicação mediante o intercâmbio de figuras de comunicação, o que gera uma forma interativa de transmitir uma mensagem a alguém. Consoante com a preocupação de flexibilizar o protocolo PECS, permitindo sua operacionalização em ambientes menos estruturados, Walter (2000) descreveu o PECS-Adaptado. Condizente com a metodologia de ensino baseada no Currículo Funcional Natural (LeBlanc, 2001), esse modelo interventivo pode ser utilizado em diferentes contextos, como observado nos estudos de Evaristo (2016) e Togashi e Walter (2016).

As adaptações propostas se basearam na metodologia e filosofia do Currículo Funcional Natural e consistem em um programa dividido em cinco fases de aplicação, sendo indicado para pessoas com TEA e/ou com outros déficits severos na comunicação oral, que apresentam dificuldades de iniciar um diálogo de forma espontânea ou inabilidades sociais graves (Walter, 2015, 2017).

Muitos professores buscam aprofundar seus conhecimentos em CAA com o intuito de minimizar os problemas de comunicação e consequentemente conseguirem proporcionar um desempenho acadêmico desejado a essa população. É importante oferecer aos professores o conhecimento necessário para poderem tomar decisões quanto às escolhas das diferentes formas alternativas de comunicação destinadas aos alunos com TEA, objetivando tornarem seus alunos mais competentes, independentes e autônomos nas suas comunicações com seus pares e os adultos envolvidos no contexto escolar.

Assim, a CAA vem assumindo seu protagonismo presente e consistente nas pesquisas conduzidas desde 1995 pelas professoras e pesquisadoras que coordenam o Laboratório de Tecnologia Assistiva e Comunicação Alternativa (LATECA)[2] na UERJ. A preocupação constante em formar, conscientizar e informar todos os interlocutores no contexto escolar e verificar os efeitos do uso da CAA nos atos comunicativos envolvendo os alunos com TEA passou a ser o destaque maior do grupo de pesquisa do LATECA. Contudo, a implementação efetiva da CAA nas escolas depende, entre outros aspectos, da formação inicial e continuada dos seus professores e profissionais (Nunes; Schirmer, 2017; Guthierrez; Walter, 2021).

## PESQUISA 1 – FORMAÇÃO INICIAL DOS FUTUROS PROFESSORES NO PROCESSO DE INCLUSÃO ESCOLAR DE ALUNOS COM TEA[3]

O principal objetivo deste projeto foi descrever e avaliar os efeitos de um programa de formação inicial sobre o uso da CAA pelos graduandos de

---

[2] Conheça mais sobre o LATECA e suas produções em https://website.adaptado.lateca-uerj.net/.

[3] A pesquisa recebeu apoio financeiro da FAPERJ, Edital Jovem Cientista do Nosso Estado - N° do Processo: E-26/203.216/2015.

pedagogia ao utilizarem a tecnologia assistiva e a CAA com diferentes alunos com TEA e NCC. Foi dada prioridade à formação sobre o uso dos recursos da CAA, informática acessível, recursos e sistemas de baixa a alta tecnologia. Ao final do curso, foi possível descrever as percepções destes quanto às habilidades comunicativas dos alunos não oralizados antes e depois da introdução dos recursos de CAA.

A pesquisa se desenvolveu em várias etapas, descritas a seguir.

- **1ª etapa** – Preparação dos termos de consentimento livre e esclarecido (TCLE) para assinatura dos participantes da pesquisa; aquisição dos equipamentos e recursos de tecnologia assistiva e CAA necessários para a pesquisa; aquisição dos *softwares* utilizados nos cursos de capacitação e elaboração dos instrumentos necessários no projeto (prazo: 6 meses).
- **2ª etapa** – Aplicação do questionário inicial aos estudantes com a finalidade de obter informações sobre o conhecimento prévio em tecnologia assistiva e CAA, sobre as deficiências, sobre o TEA e suas características a respeito dos problemas mais comuns observados no processo de inclusão de alunos com TEA no ensino regular e as dificuldades que sentem em interagir com essa população.
- **3ª etapa** – Formação inicial dos graduandos de pedagogia no conhecimento e uso de tecnologia assistiva, CAA, informática acessível e adaptações pedagógicas necessárias, usando recursos de acessibilidade digital. O curso de formação inicial foi organizado em quatro períodos (24 meses), a saber:

    a. Formação teórica e problematização quanto ao AEE destinado aos alunos com TEA e deficiências inseridos no ensino regular e aprofundamento das dificuldades de comunicação e aprendizagem referentes a cada deficiência (prazo: 6 meses).

    b. Aprendizagem dos *softwares* e recursos de tecnologia assistiva e CAA (iPADs e *tablets*), assim como dos aplicativos destinados à elaboração de pranchas de CAA, conhecimento dos sistemas gráficos do *Picture Communication Symbols* (PCS), sistema gráfico ARASAAC e uso de acionadores e recursos de acessibilidade ao computador (prazo: 6 meses).

c. Observação da prática desenvolvida pelos professores da rede regular e especial por meio de palestras e visitas às escolas regulares com a finalidade de observar o uso da CAA e adaptações pedagógicas realizadas nas escolas regulares da Rede Municipal de Educação do Rio de Janeiro. Nessa mesma etapa, teve início o AEE e o uso da CAA com 7 alunos com TEA e outras deficiências, todos apresentando dificuldades comunicativas e problemas de aprendizagem (prazo: 6 meses).

d. Continuidade do AEE aos 7 alunos com TEA e outras deficiências, em que os graduandos, divididos em grupos de três, atuaram juntos na elaboração de pranchas de CAA, em adaptações pedagógicas utilizando cartões de CAA e no desenvolvimento de atividades criativas, promovendo a comunicação e interação dos alunos. Também foram instruídos no desenvolvimento de um plano educacional individualizado (PEI) que visasse à autonomia comunicativa e à generalização dos conceitos acadêmicos adquiridos e postos em prática nas suas vidas e em seus ambientes naturais. Nessa mesma etapa, foi aplicado o questionário final, para comparação com o questionário inicial (prazo: 6 meses).

- **4ª etapa** – Análise de todos os resultados obtidos durante as etapas anteriores; discussão dos dados considerando a literatura atualizada sobre a temática em questão; visita técnica a outras instituições de ensino especializado com vistas à promoção de novas habilidades às pessoas com TEA e outras deficiências; participação e apresentação dos resultados em eventos científicos. Nessa fase, foram realizadas a avaliação final do projeto e a elaboração do relatório final (prazo: 6 meses).

Os resultados da pesquisa são apresentados conforme as etapas propostas anteriormente.

- **1ª etapa** – *Conhecimento e problemas com alunos com TEA e outras deficiências apontados pelos graduandos de pedagogia antes do projeto.* No primeiro dia em que os estudantes foram convidados a participar do projeto de pesquisa, foi aplicado um questionário inicial, o qual foi respondido somente pelos alunos que concordaram em participar e que assinaram o TCLE. Dos 30 alunos que frequentavam a disciplina de Pesquisa e Prática Pedagógica, 27 participaram da pesquisa. Os graduandos eram em sua maioria jovens com idade variando entre 18 e 20 anos, mas também havia participantes com idade entre 21 e 30 anos, e somente duas graduandas com idade entre 31 e 40 anos. A maioria já havia frequentado alguma disciplina anteriormente que abordasse a temática do TEA e de outras deficiências. No entanto, apenas duas graduandas tinham realizado um curso sobre CAA. É interessante observar que, dos 27 graduandos, somente um não tinha parente ou amigo com alguma deficiência; portanto, a maioria já havia tido contato com uma pessoa com alguma deficiência, sendo a deficiência auditiva e o TEA as mais citadas, seguidas por paralisia cerebral, baixa visão e cegueira. Segundo os graduandos, foi por meio dos estágios regulares do curso que eles encontraram alunos com TEA e outras deficiências. Em relação aos anseios dos graduandos em aprender algo novo e poder colocá-lo na prática escolar, a maioria (15) queria conhecer mais sobre o TEA e as outras deficiências. O interesse por abordagens e métodos de ensino também foi uma escolha marcante (7), sendo que tecnologia e inclusão não foram itens muito atrativos, o que poderia dever-se ao fato de alguns graduandos já terem cursado disciplinas sobre o assunto anteriormente.

- **2ª etapa** – *Conhecimento e necessidades dos graduandos ao final da pesquisa.* Após 24 meses de formação teórica e prática sobre o uso da CAA, aprendizagem de novas técnicas e abordagens teóricas para ensinar pessoas com TEA e diferentes deficiências, foi possível observar o crescimento técnico e a maturidade emocional dos graduandos. O questionário final foi respondido por somente 23 graduandos, pois quatro tiveram que abandonar a disciplina por motivos pessoais. É importante destacar que os graduandos responderam ao questionário final apenas quando se encerrou a disciplina. As perguntas foram elaboradas considerando o que seria esperado após a formação inicial de dois anos e com o intuito de avaliar o curso de formação quanto ao conhecimento adquirido e às mudanças nas atitudes frente aos problemas de comunicação e aprendizagem de alunos com TEA e outras deficiências. Ao final do curso de 200 horas, os graduandos puderam revelar o conhecimento específico adquirido, novas práticas e abordagens no uso da CAA e adaptações pedagógicas.

Vale destacar o aumento na participação em eventos científicos da área por 50% dos graduandos, sendo que a maioria participou de eventos sobre educação. A partir da possibilidade de contato com alunos com TEA e outras deficiências, todos eles puderam vivenciar práticas pedagógicas inclusivas e aprender como realizar o PEI. Essa experiência pode ter motivado 14 graduandos a escolherem a área da educação inclusiva como temática para a monografia do curso. Os resultados apontam que as dificuldades de comunicação enfrentadas durante os atendimentos em CAA e adaptações pedagógicas foram destaque ao se deparar com o aluno com TEA e outras deficiências (13 alunos), seguidas pelo planejamento (6 alunos) e, por fim, pelos comportamentos de agressividade, presentes principalmente em pessoas com TEA.

Os graduandos relataram que a experiência com alunos com TEA sob supervisão direta da pesquisadora foi essencial para as futuras práticas como professores. É interessante perceber que o olhar para a "pessoa" além da deficiência foi citado pelos graduandos como algo relevante no processo de comunicação e sucesso acadêmico. Todos os graduandos se sentiram motivados e encorajados a planejar e adaptar algum material pedagógico necessário para a aprendizagem dos alunos com TEA e outras deficiências, além de relatarem a necessidade de continuar aprofundando seus conhecimentos. A pesquisa revelou a importância de se investir cada vez mais em ações extensivas durante a formação de futuros professores.

- **3ª etapa** – *Práticas realizadas com os participantes com deficiência.* Foram atendidas no projeto sete pessoas com deficiências diferentes, sendo três pessoas com paralisia cerebral, duas com TEA, uma com deficiência auditiva e uma com dislexia. As idades variavam entre 6 e 31 anos, sendo 4 do sexo feminino e 3 do sexo masculino. Os atendimentos ocorreram na Sala Leila Nunes[4] e no LATECA, ambientes estes equipados com computadores, impressora, plastificadora,

[4] Sala de aula equipada com bancadas de computadores, *tablets*, vocalizadores, painéis de CAA, mesas adaptadas para cadeira de rodas e muitos materiais de custeio para elaboração de pranchas de CAA e adaptações pedagógicas. A professora Leila Nunes recebeu essa homenagem em 2018.

*tablets*, iPADs, *softwares* de CAA e materiais para realizar as adaptações pedagógicas necessárias.

- **4ª etapa** – *Resultados qualitativos da formação inicial dos graduandos.* Os resultados a seguir foram obtidos a partir da análise descritiva de relatos dos graduandos de pedagogia após o término da formação inicial. O intuito dos registros foi demonstrar os ganhos e desafios vivenciados durante os atendimentos realizados com os alunos com TEA e outras deficiências. Todos os atendimentos eram planejados e colocados em prática semanalmente. Ao começarem a formação em AEE, os graduandos tinham idade que variava de 18 a 40 anos e estavam cursando o terceiro período do curso de pedagogia. Em sua maioria eram mulheres, sendo apenas dois do sexo masculino. A formação iniciou com um total de 27 graduandos, sendo que 23 a concluíram. A experiência prática vivenciada por eles provocou importante mudança conceitual em relação ao respeito à pessoa com TEA e com outras deficiências. O olhar sobre essas pessoas foi ampliado, deixando de lado a visão de "pessoa sem capacidade, merecedora de pena, sem futuro". A visão ao final da formação foi contemplada pela certeza de que, mesmo com todas as limitações e dificuldades, os alunos com TEA e outras deficiências apresentam potencial e capacidade para se desenvolverem e conseguirem alcançar seus objetivos e sonhos. Com essa experiência vivenciada, foi possível refletir sobre o papel do professor na vida dos seus alunos, como, por exemplo, acreditar no potencial de todos e ensinar conceitos úteis e importantes de forma divertida, interessante e priorizando a comunicação de todos, com todos e em todos os momentos da vida.

## PESQUISA 2 – QUERO CONVERSAR COM VOCÊ: COMUNICAÇÃO ALTERNATIVA PARA ALUNOS COM TEA NO CONTEXTO ESCOLAR

Para o presente capítulo, realizou-se um recorte do amplo projeto de pesquisa que teve o financiamento da Fundação Carlos Chagas Filho de Amparo à

Pesquisa do Estado do Rio de Janeiro (FAPERJ).[5] A pesquisa maior teve por objetivo capacitar 37 professores da Rede Regular de Ensino do Município do Rio de Janeiro que atuavam em salas de AEE no uso da CAA com alunos com TEA. Este texto tem como objetivo apresentar o desempenho nas fases do PECS-Adaptado (Walter, 2000) por dois alunos com TEA incluídos em sala de aula regular por duas professoras de AEE que foram capacitadas previamente.

Esse estudo apresentou um delineamento quase-experimental desenvolvido em duas etapas: linha de base e intervenção. Todas as sessões foram filmadas e pontuadas em folhas de anotações específicas para cada fase do programa de comunicação alternativa.

As professoras atuaram na escola regular do aluno com TEA por elas atendido como professoras itinerantes. O Quadro 7.1 apresenta as descrições dos participantes da pesquisa.

**QUADRO 7.1** – Informações dos participantes do estudo

| Nomes* | Função | Série | Total de sessões realizadas |
|---|---|---|---|
| Célia | Professora de AEE itinerante (P1) | 2º ano | 25 |
| Hélio (7 anos) | Aluno (A1) | | |
| Andréa | Professora de AEE itinerante (P2) | 2º ano | 10 |
| Sabrina (7 anos) | Aluna (A2) | | |

* Os nomes são fictícios e foram alterados para preservar a identidade dos sujeitos.

Os procedimentos para a realização dessa investigação envolveram diversas etapas, descritas a seguir.

- **1ª etapa** – *Contato com os familiares dos alunos.* A professora fez uma reunião com os responsáveis pelos alunos, explicando e apresentando a pesquisa, solicitando então autorização para sua realização. Cada responsável assinou o termo de participação na pesquisa, assim como a autorização para o uso de imagens para divulgação posterior, concordando com a participação dos alunos.

[5] A pesquisa recebeu apoio financeiro da FAPERJ, Edital – Melhorias das Escolas Públicas do Estado do Rio de Janeiro, No do Processo: E26/110.106/2011.

- **2ª etapa** – *Linha de base.* Para cada sujeito, foram filmadas três sessões de linha de base, a fim de observar as atitudes e ações dos alunos antes da utilização do PECS-Adaptado. Nas sessões de linha de base, eram filmadas situações de interação social e pedagógica da professora com o aluno, por aproximadamente 20 minutos. Nessas sessões (em que cartões de comunicação eram disponibilizados), os alunos que usavam alguma forma de CAA para solicitar seus itens desejados eram pontuados; caso contrário, recebiam a pontuação zero.
- **3ª etapa** – *Sondagem de lista de interesse dos alunos.* Para a utilização do PECS-Adaptado, é muito importante saber quais são os maiores interesses dos alunos, pois é a partir das suas principais vontades e necessidades que haverá o desejo de se comunicar. Portanto, cada professora perguntou aos responsáveis pelos alunos quais eram seus maiores interesses e necessidades em relação a alimentação (comida e bebida), brincadeiras, jogos e atividades.
- **4ª etapa** – *Confecção de materiais de comunicação alternativa.* Após conhecer os maiores interesses dos alunos, as professoras confeccionaram cartões de comunicação com velcro no verso em tamanho 5 x 5 cm e utilizaram os pictogramas do PCS.
- **5ª etapa** – *Intervenção com aplicação do PECS-Adaptado.* O PECS-Adaptado consiste em cinco fases distintas.[6] As professoras P1 e P2 iniciaram a fase 1 com seus respectivos alunos no ambiente de sala de aula. Para a realização da fase 1, a professora P1 costumava levar biscoito recheado para a sala de aula, pois era um item de grande interesse de A1. A professora se aproximava do aluno, colocando o cartão sobre a mesa e perto dele. A pesquisadora permanecia atrás do aluno, de modo que pudesse auxiliar fisicamente pegando sua mão por trás, sem que ele a visse. A professora mostrava o biscoito e perguntava se o aluno queria comê-lo. O aluno mostrava interesse ao tentar pegar o alimento. Então, a pesquisadora, ao ver o movimento do aluno de querer pegar o biscoito, direcionava a mão dele para o cartão sobre a mesa, para que ele percebesse que teria que pegar o cartão e trocá-lo pelo alimento, colocando o cartão na mão da professora. A professora

[6] Para verificar as cinco fases do PECS-Adaptado, acesse o *site* LATECA-UERJ (https://pecs-adaptado.lateca-uerj.net/fase-1-pecs-adaptado), onde se encontra um Recurso Educativo Digital.

recebia o cartão e entregava imediatamente o item desejado, reforçando a condição de solicitar algo usando a CAA. Para cada apoio recebido pela professora, era pontuado um valor. Para auxílio físico, o aluno recebia 1 ponto. Esse apoio dado ao aluno ocorria apenas no início da aplicação do PECS-Adaptado. Depois que o aluno entendia o procedimento de troca, o apoio das mãos não era mais necessário (no caso de P1 e A1), e a professora fornecia auxílio de forma verbal, o que equivalia a 2 pontos. À medida que os alunos iam compreendendo a forma de solicitar seus itens desejados, a professora somente estendia a mão, lembrando-os de entregar a figura na sua mão para obter o item desejado, recebendo assim 3 pontos. Caso o aluno iniciasse o pedido de forma espontânea, sem nenhum apoio ou indagação verbal da professora, do tipo "O que você quer?", ele recebia a pontuação máxima, equivalente a 4 pontos.

- **6ª etapa** – *Critérios para mudança de fase.* O aluno estaria apto a mudar de fase no programa PECS-Adaptado quando apresentasse um desempenho maior ou igual a 75% com base nos níveis de apoio recebido e independência em cada tentativa de solicitar algo em três sessões consecutivas ou cinco sessões intercaladas.
- **7ª etapa** – *Análise dos dados.* Após a coleta dos dados, estes foram analisados com base nos níveis de suporte recebidos, de acordo com as folhas de anotações do PECS-Adaptado em cada sessão, tendo sido contabilizados os níveis de apoio recebido em todas as tentativas de solicitação do item desejado, com pontuação variando entre 0 e 4 pontos. Em cada sessão, as médias das tentativas foram calculadas para visualizar a evolução do desempenho dos alunos de acordo com a porcentagem de acertos nas solicitações dos itens a partir do uso dos cartões de comunicação. As pontuações foram realizadas por um segundo juiz, com a finalidade de obter índice de fidedignidade.

Após a análise, os dados foram quantificados, como pode ser observado nos gráficos apresentados nas Figuras 7.1 e 7.2. Esses gráficos apontam o desempenho de A1 e A2, respectivamente, com base na média dos níveis de apoio recebido e independência para solicitar um item desejado ao professor.

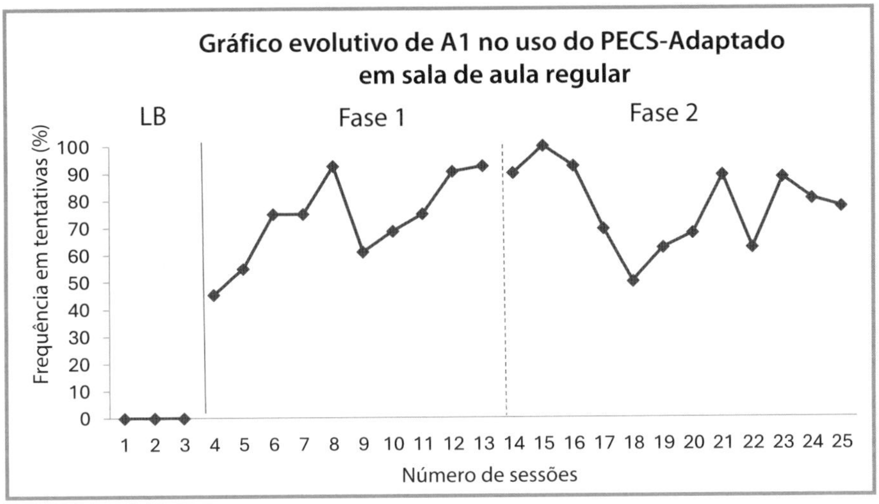


**Figura 7.1** – Desempenho em porcentagem referente aos níveis de suporte e independência no uso do PECS-Adaptado nas solicitações de A1 em sala de aula regular.

Observa-se que nas três sessões iniciais a frequência foi nula, ou seja, A1 não fazia suas solicitações com o uso da CAA. Com o início da fase 1 (sessão 4), o aluno começou a fazer solicitações usando os cartões de CAA, correspondendo à fase 1 do PECS-Adaptado. Após o aluno obter desempenho acima de 75% em cinco sessões consecutivas, iniciou-se a fase 2 do PECS-Adaptado. A fase 2 ocorreu entre as sessões 14 e 25. É válido ressaltar que, no ambiente de sala de aula, a professora P1 fez uso do PECS-Adaptado durante as atividades pedagógicas, como solicitar uma peça de jogo quando todos os alunos estavam jogando dominó, mas também em outras situações, como para solicitar biscoito ou lanche. As figuras mais usadas por A1, conforme seu interesse, foram os cartões de biscoito recheado (situação não necessariamente com fins pedagógicos) e de jogo (usado para atividade direcionada). A mediadora (estagiária) colaborou na intervenção da professora P1 com A1, preenchendo as folhas de registro e incentivando a interação de A1 com outros alunos em sala de aula.

Na Figura 7.2, observa-se o desempenho de A2 em relação à utilização do PECS-Adaptado em sala de aula, considerando os níveis de suporte e independência nas tentativas de solicitar algo desejado.

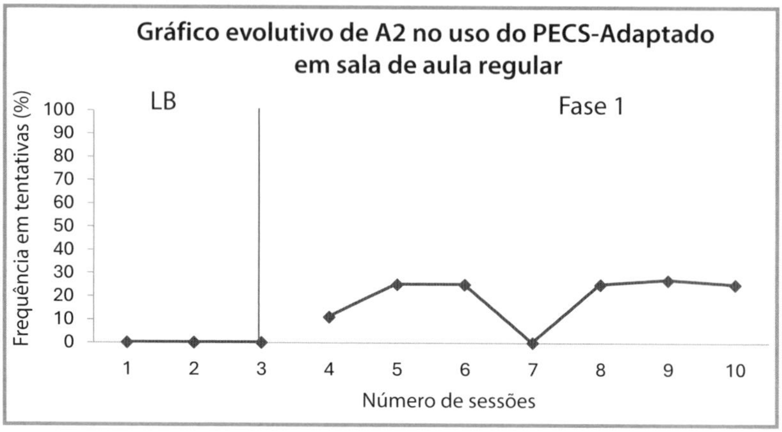


**Figura 7.2** – Desempenho em porcentagem referente aos níveis de suporte e independência no uso do PECS-Adaptado nas solicitações de A2 em sala de aula regular.

A participante A2 tinha um elevado número de faltas, o que prejudicava o trabalho desenvolvido pela professora P2. Daí justificam-se as escassas sessões e a baixa frequência nas tentativas de solicitação de A2. No entanto, mesmo com todas essas dificuldades externas, a aluna correspondeu de alguma forma ao tentar solicitar algo, mesmo que com baixa frequência. As situações mais utilizadas com A2 foram as de comida, na hora do almoço, quando ela chegava ao refeitório, e para solicitar biscoito e ir ao parquinho.

A pesquisa foi realizada no período de 16 meses. Os resultados mostraram que as professoras apresentaram intenção de se comunicar melhor com seus alunos, expressando, contudo, necessidade de suporte de outros professores especializados e participação ativa de todos os envolvidos no processo de inclusão. Consideraram ainda que a CAA deve ser introduzida inicialmente no AEE e, depois, na sala de aula regular.

O uso da comunicação alternativa no contexto regular de ensino possibilitou, em ambas as situações, condições de comunicação mais eficaz e maior clareza na compreensão dos alunos, por meio do intercâmbio de figuras de comunicação pelos itens desejados durante sua permanência em sala de aula. Embora A1 tenha se beneficiado mais do que A2, foi possível observar que o PECS-Adaptado mostrou ser um programa de CAA eficaz para estimular a iniciativa de comunicação de alunos com TEA no espaço escolar. As professoras observaram que a CAA é essencial no processo de inclusão, pois perceberam que, em situações de atividades pedagógicas ou não, os alunos conseguiram expressar seus desejos, não apenas com a professora de AEE itinerante, mas também com outros interlocutores presentes no contexto escolar.

## CONSIDERAÇÕES FINAIS

Ao apresentar as duas pesquisas que destacam a importância da formação inicial e, consequentemente, da formação continuada de professores, verifica-se que há muito a investir no processo de inclusão escolar de alunos com TEA. Nota-se o quanto é importante orientar e informar estudantes de pedagogia no uso da CAA para que possam, no futuro próximo, atuar como interlocutores em potencial, como afirmam Schirmer e Nunes (2020).

O processo de formação é contínuo, o que possibilita que os professores se mantenham atualizados, conhecendo as melhores práticas baseadas em evidências (PBE) no uso da CAA com alunos que apresentam NCC ou fala não funcional no contexto escolar. Atividades pedagógicas com suporte na CAA na promoção da comunicação em contexto escolar têm trazido benefícios a toda comunidade escolar – alunos, responsáveis, pais e gestão escolar (Togashi; Walter, 2016). As investigações envolvendo CAA no espaço da sala de aula apontam para melhora significativa no que se refere à prática pedagógica e também nas relações interpessoais dos sujeitos não oralizados (Schirmer; Nunes; 2020, Walter; Nunes, 2013; Guthierrez; Walter, 2021).

No presente capítulo, o relato de duas pesquisas conduzidas pelas coordenadoras do LATECA-UERJ buscou evidenciar o forte compromisso dos estudantes, profissionais, docentes e pesquisadores que, de forma compartilhada e colaborativa, têm contribuído para a consolidação da CAA no Brasil. Espera-se que a divulgação e a ampliação da área em nosso país, assim como a abrangente divulgação das pesquisas, possam oferecer condições de vida mais qualificada para pessoas que têm na comunicação alternativa a janela para libertar seus sonhos.

## REFERÊNCIAS

BONDY, A.; FROST, L. *PECS:* the picture exchange communication system. Cherry Hill: Pyramid Educational Consultants, 1994.

CAMARGO, S. P. H.; BOSA, C. A. Competência social, inclusão escolar e autismo: revisão crítica da literatura. *Psicologia &Sociedade*, v. 21, n. 1, p. 65-74, 2009.

EVARISTO, F. L. *Formação de aplicadores e interlocutores na utilização do PECS-Adaptado para crianças/adolescentes com autismo.* Dissertação (Mestrado em Educação Especial) – Universidade Federal de São Carlos, São Carlos, 2016.

GANZ, J. B. AAC interventions for individuals with autism spectrum disorders: state of the science and future research directions. *Augmentative and Alternative Communication*, v. 31, n. 3, p. 203-214, 2015.

GUTHIERREZ, C. C. M.; WALTER, C. C. F. Programa de formação continuada de professores: comunicação alternativa e transtorno do espectro autista. *Revista Teias*, v. 22, n. 66, p. 240-255, 2021.

HEATH, A. K. *et al.* A meta-analytic review of functional communication training across mode of communication, age, and disability. *Review Journal of Autism and Developmental Disorders*, v. 2, n. 2, p. 155-166, 2015.

KENT-WALSH, J. *et al.* Effects of communication partner instruction on the communication of individuals using AAC: a meta-analysis. *Augmentative and Alternative Communication*, v. 31, n. 4, p. 271-284, 2015.

LEBLANC, J. M. El curriculum funcional en la educación de la persona con retardo mental. *In:* SIMPÓSIO INTERNACIONAL COANIL, 2021, Santiago. *Anais* [...]. Santiago: COANIL, 2021.

MIZAEL, T. M.; AIELLO, A. L. R. Revisão de estudos sobre o Picture Exchange Communication System (PECS) para o ensino de linguagem a indivíduos com autismo e outras dificuldades de fala. *Revista Brasileira de Educação Especial*, v. 19, n. 4, p. 623-636, 2013.

NUNES, D.; WALTER, C. AAC and autism in Brazil: a descriptive review. *International Journal of Disability, Development and Education*, v. 67, n. 3, p. 263-279, 2018.

NUNES, D. R. P.; SCHMIDT, C.; AZEVEDO, M. Q. O. Autismo e comunicação alternativa: análise descritiva da produção nacional (2008-2014). *In:* ALMEIDA. M. A.; MENDES, E. G. *Educação especial e seus diferentes recortes.* Marília: ABPEE, 2016. p. 171-184.

NUNES, L. R. O. P. Linguagem e comunicação alternativa: uma introdução. *In:* NUNES, L. *Favorecendo o desenvolvimento da comunicação em crianças e jovens com necessidades especiais.* Rio de Janeiro: Dunya, 2003.

NUNES, L. R. O. P.; SCHIRMER, C. R. (org.). *Salas abertas:* formação de professores e práticas pedagógicas em comunicação alternativa e ampliada nas salas de recursos multifuncionais. Rio de Janeiro: EDUERJ, 2017.

PERISSINOTO, J.; WALTER, C. C. F. C.; DONATI, G. C. F. Transtorno do espectro autista: caracterização e intervenção. *In*: LOPES, L. *et al.* (ed.). *Tratado de fonoaudiologia.* 3. ed. Barueri: Manole, 2024. cap. 54, p. 406-412.

PRESTON, D.; CARTER, M. A review of the efficacy of the picture exchange communication system intervention. *Journal of Autism and Developmental Disorders*, v. 39, n. 10, p. 1471-1486, 2009.

REICHLE, J. *et al.* Augmentative and alternative communication applications for persons with ASD and complex communication needs. *In:* KEEN, D. *et al.* (ed). *Prelinguistic and minimally verbal communicators on the autism spectrum.* Singapore: Springer, 2016. p. 179-213.

SCHIRMER, C. R.; NUNES, L. R. D. P. Efeitos da formação inicial de professores em tecnologia assistiva através de metodologia problematizadora. *Revista Educação Especial*, v. 33, artigo e74, 2020.

SCHLOSSER, R.; WENDT, O. Augmentative and alternative communication intervention for children with autism. *In:* LUISELLI, J. K. *et al.* (ed.). *Effective practices for children with autism:* educational and behavioral support interventions that work. New York: Oxford University, 2008. p. 325-389.

TOGASHI, C. M.; WALTER, C. C. F. As contribuições do uso da comunicação alternativa no processo de inclusão escolar de um aluno com transtorno do espectro do autismo. *Revista Brasileira de Educação Especial*, v. 22, n. 3, p. 351-366, 2016.

TOMASELLO, M. Origins of language. *In:* TOMASELLO, M. *Constructing a language:* a usage-based theory of language acquisition. Cambridge: Harvard University, 2023. cap. 2, p. 8-42.

VAN DER MEER, L. A. J.; RISPOLI, M. Communication interventions involving speech-generating devices for children with autism: a review of the literature. *Developmental Neurorehabilitation*, v. 13, n. 4, p. 294-306, 2010.

VON TETZCHNER, S.; MARTINSEN, H. Words and strategies: communication with young children who use aided language. *In:* VON TETZCHNER, S. E.; JENSEN, M. H. *Augmentative and alternative communication*: European perspectives. London: Whurr, 1996. p. 65-88.

VON TETZCHNER, S. *et al.* Acquisition of graphic communication by a young girls without comprehension of spoken language. *Disability and Rehabilitation,* v. 26, n. 21-22, p. 1335-1346, 2004.

WALTER, C. C. F. *Os efeitos da adaptação do PECS ao curriculum funcional natural em pessoas com autismo infantil.* Dissertação (Mestrado em Educação Especial) - Universidade Federal de São Carlos, São Carlos, 2000.

WALTER, C. C. F. O PECS-Adaptado e a flexibilização de um programa de comunicação alternativa no ensino regular. *Dialogus,* v. 11, n. 1-2, p. 145-162, 2015.

WALTER, C. C. F. PECS-Adaptado na sala de atendimento educacional especializado. *In:* NUNES, L. R. O. P.; SCHIRMER, C. R. (org.) *Salas abertas:* formação de professores e práticas pedagógicas em comunicação alternativa e ampliada nas salas de recursos multifuncionais. Rio de Janeiro: EDUERJ, 2017. cap. 16, p. 312-332.

WALTER, C. C. F; NUNES, L. R. P. Comunicação alternativa para alunos com autismo no ensino regular. *Revista Educação Especial,* v. 26, n. 47, p. 587-602, 2013.

# PARTE III

# Práticas educacionais no ensino superior

8

# Inclusão de estudantes com TEA no ensino superior: desafios e práticas

Iuri Pizetta Moschen

Cleonice Alves Bosa

O acesso ao ensino superior por estudantes com transtorno do espectro autista (TEA) tem crescido de modo significativo nos últimos anos, especialmente em decorrência de políticas públicas no país. Em 2013, foi instituído o *Programa Incluir – Acessibilidade na Educação Superior* (Brasil, 2013), cujo objetivo era assegurar o direito da pessoa com deficiência à educação superior em instituições federais. Para tanto, havia a necessidade de fomentar a criação e a consolidação de núcleos de acessibilidade nas universidades que auxiliassem na identificação e na redução de barreiras pedagógicas e arquitetônicas, bem como na comunicação e informação.

Todavia, apesar dos avanços significativos nesse processo, a inclusão de alunos com TEA continua a ser um grande desafio em função de vários fatores, incluindo a variabilidade no funcionamento social e cognitivo dos estudantes, o desconhecimento do TEA por parte de educadores, profissionais e gestores, a restrita oferta de formação continuada para as equipes dos núcleos de acessibilidade, entre outros.

O objetivo deste capítulo é apresentar uma parte de um programa de formação continuada realizado junto ao Núcleo de Inclusão e Acessibilidade (NIA) de uma universidade federal do sul do país, em uma parceria entre a equipe do núcleo e o programa de pós-graduação em psicologia da mesma universidade. O objetivo geral desse programa foi sua construção, implementação e avaliação, buscando ampliar a confiança da equipe em suas habilidades e práticas (autoeficácia) na promoção da inclusão de estudantes com autismo. Contudo, no caso do presente capítulo, o foco é abordar algumas das dificuldades mais comuns enfrentadas pelos estudantes com TEA que buscaram atendimento no NIA, a partir da perspectiva da equipe e dos coordenadores do programa.

Apresentam-se também as discussões sobre as possíveis explicações contextuais e teóricas sobre essas dificuldades, bem como práticas pensadas e/ou implementadas para promoção de uma experiência acadêmica mais inclusiva. Ao compartilhar essas experiências, busca-se contribuir para o aprimoramento das práticas institucionais e fomentar reflexões sobre a construção de um ensino superior verdadeiramente acessível para todos. Para tanto, inicia-se com informações gerais sobre TEA, apresentando-se na sequência casos que foram discutidos em um dos módulos do programa e posteriormente fundamentados a partir da literatura.

De acordo com os dados do Instituto Nacional de Estudos e Pesquisas Educacionais Anísio Teixeira (INEP) (INEP, 2024), o número de estudantes com deficiência, transtornos globais do desenvolvimento ou altas habilidades/superdotação matriculados na universidade vem crescendo a cada ano. Em 2013, o número de estudantes nesse grupo era de 29.034; em 2023, o Censo da educação superior identificou 92.756 estudantes. Desses alunos, a quantidade de indivíduos com TEA matriculados em cursos de graduação era de 9.718, o que corresponde a aproximadamente 10,4% das matrículas em cursos de ensino superior nessa modalidade.

Esse aumento, conforme antes mencionado, pode ser o resultado das políticas públicas de inclusão, com ênfase na diversidade no ambiente acadêmico, bem como da crescente conscientização sobre o transtorno (Kapp, 2020; Robertson, 2010; Bottema-Beutel *et al.*, 2021). No entanto, apesar dos avanços no campo, a efetivação da inclusão ainda representa um desafio significativo. Com a chegada desses alunos à universidade, os núcleos de inclusão das instituições de ensino superior também encontram novos desafios e dificuldades, sendo levados a pensar em novas práticas de inclusão (Nozu; Bruno; Cabral, 2018). Assim, há duas questões emergentes: as dificuldades/barreiras encontradas pelos estudantes com TEA e as novas demandas para os núcleos de inclusão e acessibilidade.

## DIFICULDADES E BARREIRAS PARA OS ESTUDANTES

Segundo a *Lei Brasileira de Inclusão* (LBI), barreiras são obstáculos que impedem a participação social das pessoas com deficiência, podendo ser físicas, atitudinais, de comunicação, políticas e sociais (Brasil, [2024]). Os estudantes com TEA enfrentam desafios que tornam difíceis seu ingresso e sua permanência no contexto do ensino superior. Dificuldades no funcionamento executivo (planejamento e gestão do tempo, múltiplas tarefas, expectativas do curso e trabalhos em grupo), problemas sensoriais (sobrecarga sensorial, hiper-reatividade sensorial), além da coocorrência de transtornos emocionais como ansiedade e depressão (Moschen; Bosa, 2024), são questões que interferem no desenvolvimento dos estudantes.

As dificuldades mais observadas no ensino superior encontram-se no âmbito social, tais como a falta de habilidades sociais, na comunicação e na interação social (Kantor *et al.*, 2023). Questões como discriminação e *bullying* também são frequentes, fatores que complicam a manutenção de amizades. Os colegas, por sua vez, também tendem a impasses em compreender, aceitar e conviver com as diferenças e necessidades desses alunos (Moschen; Bosa, 2024), embora essa realidade venha mudando. Além de causarem estresse, ansiedade e outras questões de saúde em universitários, tais barreiras fazem com que os indivíduos autistas levem mais tempo para se matricular e para concluir seus cursos (Locke *et al.*, 2023).

O ambiente universitário requer determinados níveis de autonomia e independência que, em alguns casos, estão prejudicados no TEA. Gerir o próprio tempo, tomar decisões acadêmicas e sociais, buscar informações, interagir com professores e colegas de forma proativa e lidar com imprevistos são requisitos para a vivência plena na universidade. Essas adversidades estão diretamente ligadas à autodeterminação, que é a capacidade das pessoas de utilizarem suas habilidades, seus conhecimentos e crenças para atingir seus objetivos (McDonald *et al.*, 2023). Alguns exemplos de habilidades de autodeterminação incluem o estabelecimento de metas, a tomada de decisões, a resolução de problemas e a defesa dos próprios interesses. As dificuldades nessas habilidades tornam a permanência no contexto universitário desafiadora, podendo gerar frustração e isolamento (Olivati; Leite, 2019).

Em resumo, os estudantes com TEA frequentemente encontram barreiras que dificultam sua permanência e seu sucesso acadêmico, tais como problemas na comunicação, interação social, flexibilidade cognitiva e adaptação às metodologias de ensino tradicional. Para além das questões abordadas, os indivíduos com TEA relatam ainda uma necessidade de suporte institucional, o qual muitas vezes não os atende (Olivati; Leite, 2019). Uma das explicações para essa dificuldade em lidar com o sistema educacional, após o ensino médio, pode ser atribuída, em alguma medida, a uma quantidade limitada de serviços de apoio disponíveis para esse público (Locke *et al.*, 2023). Sendo assim, as instituições de ensino superior e núcleos de inclusão estão lidando com novas demandas para promover um espaço verdadeiramente inclusivo.

## NOVAS DEMANDAS PARA OS NÚCLEOS DE INCLUSÃO E ACESSIBILIDADE

Diante desse cenário, os núcleos de inclusão e acessibilidade desempenham um papel crucial na identificação das dificuldades enfrentadas pelos estudantes e na proposição de estratégias para promover um ambiente mais acessível e acolhedor. Essas ações envolvem desde adaptações pedagógicas e tecnológicas até a sensibilização de docentes, técnicos, gestores e colegas de curso (Melo; Araújo, 2018). Contudo, cada caso apresenta desafios únicos, exigindo abordagens individualizadas e soluções inovadoras para se adaptar e se desenvolver no ensino superior.

Além da busca de novas soluções, as necessidades dos núcleos também estão associadas às diferentes frentes de trabalho desses grupos, com os professores, as instituições e os próprios alunos. As adaptações de práticas pedagógicas, como mencionado no Capítulo 5 – O plano educacional individualizado e o sistema de suporte multicamada na escolarização de alunos com TEA –, exigem um trabalho contínuo e direto com os professores, tanto na sua sensibilização quanto na sua formação, porém eles nem sempre estão preparados para lidar com as particularidades do TEA (Devi *et al.*, 2024). A formação específica dos educadores e profissionais para entender o transtorno é fundamental para a redução das barreiras e para aumentar a eficácia dos suportes oferecidos pelo núcleo (Reid, 2019). Um aspecto também desafiador para os núcleos, conforme discutido mais adiante, é a necessidade de orientação às famílias dos estudantes.

Outra demanda relevante envolve a mediação de conflitos e a promoção de um ambiente social inclusivo, visto que muitos alunos com TEA enfrentam barreiras na interação com colegas e professores. A universidade – enquanto espaço de produção e socialização de conhecimento – tem o poder e o dever de ser instigadora dessa transformação (Melo; Araújo, 2018). Os núcleos de inclusão utilizam diferentes ações para promover acessibilidade metodológica e flexibilização curricular, adaptações de provas e trabalhos, uso de tecnologias assistivas, etc. Tais ações, também conhecidas como acessibilidade programática, visam garantir a permanência e a conclusão dos alunos nos seus cursos (Ciantelli; Leite, 2016).

A acessibilidade programática (Sassaki, 2009) refere-se à adaptação e à flexibilização de currículos, metodologias de ensino, avaliações e demais componentes acadêmicos para que os estudantes com deficiência ou outras necessidades possam participar de maneira plena do processo educacional. Essa é uma das maiores dificuldades dos núcleos de inclusão, uma vez que elas envolvem a revisão das próprias normas internas que regem as universidades. Na maioria dos casos, as normas dessas instituições de ensino superior foram elaboradas para um estudante "ideal", sem deficiências, o qual vive uma realidade completamente diferente daqueles que têm impedimentos ou limitações físicas, comportamentais e/ou sensoriais (Ciantelli; Leite, 2016).

As ações dessa natureza parecem onerosas, pois, apesar das constantes tentativas e lutas por essas questões, os núcleos ainda se sentem inseguros em algumas situações (Ciantelli; Leite, 2016). Também há desafios burocráticos, como os envolvidos no atendimento individualizado (salas sensoriais, tecnologia assistiva, apoio especializado, etc.), o que requer recursos adequados. O acompanhamento constante desses estudantes se torna cada vez mais difícil, não se limitando a atendimentos pontuais, sendo, em vez disso, uma necessidade ao longo do curso.

Os núcleos de inclusão precisam pensar em questões como comunicação, administração, didática, formação de professores e funcionários (Ciantelli; Leite, 2016), além de tentar equilibrar a promoção da autonomia com o suporte necessário aos estudantes com TEA. Dessa forma, há uma demanda por equipes capacitadas e investimento contínuo da instituição para que a inclusão, além do acesso, assegure também a permanência e a conclusão do curso por parte desses alunos.

O sucesso acadêmico dos alunos com TEA depende da derrubada de mitos e preconceitos, do aumento do conhecimento sobre o transtorno e do acesso a informações científicas (Araújo *et al.*, 2023; Melo; Araújo, 2018). Esses aspectos, observados durante o programa de formação continuada da equipe de um núcleo, são relatados a seguir.

Em linhas gerais, durante o programa, vários casos foram discutidos com a equipe, composta por três mulheres com idades entre 45 e 65 anos, todas com pós-graduação completa e mais de 19 anos de formação. Os encontros envolveram as dificuldades dos estudantes – estas também relatadas na literatura sobre o tema (Myrvold *et al.*, 2021) –, como:

- Reações negativas a barulhos em sala de aula, interações sociais (sobretudo envolvendo trabalhos em grupo).
- Crises frente a apresentação de trabalhos (especialmente os de conclusão de curso).
- Práticas em estágios (p. ex., ambientes com muitos estímulos e interação com pacientes).
- Desafios da frequência em aulas presenciais.
- Necessidade de mais tempo para realização de provas, etc.

Neste capítulo, são apresentados três casos para ilustrar algumas dessas situações. Os nomes dados aos estudantes são fictícios para preservar o anonimato, sendo que os cursos e detalhes curriculares são omitidos pela mesma razão. Após a apresentação dos casos, as questões neles abordadas serão discutidas a partir das evidências empíricas da área e de teorias que auxiliem em sua explicação.

## CASO DANIEL

### Contextualização

Daniel, estudante da área da saúde, estava em sua segunda tentativa de estágio. Para avançar no curso, precisava realizar um determinado procedimento, em um paciente, que normalmente leva entre 20 e 40 minutos, e seguir um protocolo de aplicação. No entanto, ele apresentava dificuldades extremas em seguir o passo a passo do exame, relatando que era muita informação para processar ao mesmo tempo. Esse aluno chegou à equipe do núcleo por meio de encaminhamento das professoras do curso.

### Dificuldades discutidas

**Concentração da atenção:** conforme informações da equipe do núcleo, Daniel relatou que realizar o exame exigia um nível de atenção que ele não conseguia manter. Dessa forma, cada um de seus atendimentos durava mais de duas horas, afetando a agenda do serviço.

**Uso do celular:** apesar da orientação da supervisora para que não utilizasse o celular devido à interferência no aparelho do exame, ele insistia em usá-lo, já que seu passo a passo estava no dispositivo. Diferentemente dos colegas, ele não possuía o roteiro impresso, além de falar que ficava "perdido" com os papéis.

**Desregulação emocional:** a dificuldade de atenção, somada às múltiplas demandas da tarefa (manejo do protocolo de exame e instruções ao paciente), dispararam crises de ansiedade difíceis de serem manejadas pelo próprio estudante e pela supervisora.

**Resistência à atividade:** nos atendimentos com a equipe do núcleo de inclusão, Daniel justificava sua dificuldade com várias explicações, argumentando que já havia cursado a disciplina (parte teórica) e que outro colega poderia realizar a atividade prática em seu lugar. Ele afirmava saber realizar o procedimento, mas que era "muita coisa" e que sua atenção não era suficiente para acompanhar.

## Impacto e consequências

A dificuldade em concluir o exame resultou na reprovação de Daniel no estágio. O aluno experimentou grande frustração e passou a demonstrar sinais de desistência. Mesmo após diversas tentativas de adaptação e suporte por parte da supervisora e da equipe do núcleo, Daniel acabou solicitando o cancelamento da disciplina e não conseguiu avançar no estágio.

## Reflexões da equipe e dos coordenadores do programa

A partir do relato da supervisora e da análise do caso, surgiram questionamentos importantes:

- Daniel de fato não consegue realizar a atividade ou apenas se recusa a fazê-la?
- O problema está na metodologia aplicada na hora do exame?
- Falta alguma adaptação específica para as necessidades do aluno?
- Haveria outra forma de apoio ou ajuste que poderia ajudar o aluno a concluir o estágio com sucesso?

## Alternativas e práticas pontuadas e/ou realizadas

Diante dos desafios apresentados por Daniel no estágio, a equipe do NIA adotou uma abordagem reflexiva para identificar práticas que favorecessem sua participação e seu desempenho. As possíveis ações propostas pela equipe foram pautadas em princípios de acessibilidade acadêmica, considerando o equilíbrio entre a individualidade do estudante e a necessidade de cumprimento das exigências curriculares. Outro aspecto trabalhado foram as conversas com o estudante sobre a necessidade da realização da atividade, independentemente das suas preferências individuais. A equipe do núcleo buscou esclarecer a importância pedagógica e profissional do procedimento, enfatizando que a participação no exame era um requisito curricular obrigatório, e não uma escolha opcional. Esse esclarecimento teve como objetivo incentivar a adesão de Daniel à atividade, ajudando-o a compreender que a exigência não se tratava de imposição arbitrária, mas sim de uma etapa fundamental para sua formação. Além disso, foi proposta uma conversa com a supervisora responsável pelo estágio para avaliar a possibilidade de flexibilizar a regra sobre o uso do celular na sala do exame, com o argumento de que o celular é um equipamento de apoio para Daniel, ou seja, um instrumento de acessibilidade. Foram discutidas alternativas como a utilização do aparelho celular para consulta imediatamente antes do exame, da entrada na cabine ou até mesmo sua utilização no "modo avião" de forma a não interferir no exame, se isso fosse possível.

Durante o programa, sugeriu-se a revisão do passo a passo do exame, com o objetivo de torná-lo mais acessível, abordando-se com a equipe o fato de que essa situação pode refletir uma disfunção executiva, algo associado ao TEA. Por isso, lidar com múltiplos estímulos ao mesmo tempo pode afetar o andamento e a conclusão de atividades acadêmicas. Explicou-se que o protocolo apresentado em folhas impressas pode "adiantar" passos que seriam facilmente controlados tela a tela no celular, restringindo a informação. A antecipação dos passos seguintes, apresentada visualmente na folha impressa, pode desencadear ansiedade e, dessa forma, afetar a atenção. A consequência é a "paralisação" do comportamento. Contudo, orientou-se que a alternativa de usar o telefone no "modo avião" para não interferir no exame deveria ser discutida com o serviço, em razão de detalhes técnicos envolvidos na regra de proibição do celular. Outra opção seria apresentar o passo a passo na folha impressa de modo escalado (pouco conteúdo em cada página, com instruções simples e diretas, isto é, não ambíguas sobre o que fazer). As ações propostas refletem a necessidade de um suporte que contemple tanto adaptações pedagógicas quanto o desenvolvimento de habilidades de autonomia e autorregulação, promovendo um ambiente mais inclusivo no ensino superior.

## CASO JORGE

### Contextualização

Jorge, um jovem de 20 anos, da área da tecnologia da informação, chegou a um dos atendimentos do núcleo por questões disciplinares. Ele demonstrava comportamentos imaturos, tanto do ponto de vista social quanto acadêmico. Conforme a equipe, seu comportamento parecia estar desalinhado com a idade cronológica, expressando-se frequentemente como se ainda fosse criança. Em uma reunião realizada com ele, em que seu pai estava presente, a equipe relatou que ele chegou a afirmar: "*Eu sempre fui uma criança que não estudou*", o que foi corrigido pelos profissionais e pelo próprio pai, que interveio pontuando: "*Você não é mais criança; você é adulto*".

Além da imaturidade percebida, o estudante também apresentava dificuldades nas interações sociais que impactavam na turma, em sala de aula. Outro ponto crítico ocorreu durante uma avaliação, quando o estudante foi flagrado utilizando o celular para "colar" e reagiu com agressividade ao ser advertido e ter o aparelho retirado pela professora. Dado seu porte físico, o episódio causou impacto significativo na turma e levantou preocupações sobre sua conduta em sala de aula e sua trajetória acadêmica.

### Dificuldades discutidas

**Imaturidade:** o estudante demonstrou comportamentos imaturos, o que de fato pode impactar na sua autonomia e nas responsabilidades acadêmicas, aspectos importantes de serem trabalhados porque são os esperados de qualquer estudante universitário.

**Dificuldades nas interações sociais:** o estudante teve comportamentos considerados inapropriados em sala de aula, como rir de colegas, arrotar no meio das outras pessoas e gerar tensões sociais. Por exemplo, houve situações em que ele ofendeu um estudante estrangeiro, sendo que o incidente foi minimizado por este último.

**Impulsividade e dificuldade em lidar com regras:** a resistência em aceitar normas acadêmicas, evidenciada, por exemplo, pelo uso indevido do celular e pela reação agressiva ao ser advertido, indica desafios na regulação emocional e na compreensão das consequências de suas ações. A resposta exacerbada à intervenção da professora pode estar relacionada a dificuldades na gestão de frustração e reações emocionais, no entendimento de limites e de normas institucionais, além de rigidez comportamental.

## Impacto e consequências

Os comportamentos do estudante geraram intenso desconforto, constrangimento e preocupações entre colegas e professores. Além disso, houve receio da professora de que os comportamentos agressivos pudessem escalar. Junto dessas questões, a imaturidade pode comprometer o desenvolvimento da autonomia e da responsabilidade acadêmica, dificultando a progressão do estudante no ensino superior.

## Alternativas e práticas pontuadas e/ou realizadas

Diante do caso, a equipe do núcleo de inclusão propôs estratégias voltadas para o desenvolvimento da autonomia e da autorregulação emocional do estudante, bem como para a adaptação de sua interação no ambiente acadêmico. A principal medida adotada foi o trabalho com a autorresponsabilização. Aconteceram encontros individualizados no núcleo de inclusão cujo intuito era facilitar a transição do estudante para a vida adulta. Por meio da psicoeducação, o núcleo ajudou o aluno a compreender suas responsabilidades e o impacto de suas ações no ambiente universitário. A participação do pai no atendimento foi um ponto positivo nesse processo, servindo como reforço para as questões pontuadas pela equipe. Houve também orientação e acompanhamento psicopedagógico, buscando auxiliá-lo a compreender limites, normas institucionais e as consequências de suas atitudes. Esses aspectos foram abordados com o estudante nos encontros de atendimento. Além disso, também foi sugerido trabalhar com os professores. O núcleo pensou em reuniões no início do semestre letivo para discutir situações que poderiam vir a acontecer, a fim de conscientizar os professores sobre essas eventuais situações e, assim, agir de forma preventiva e/ou adequada.

Por fim, discutiu-se, junto à equipe, a necessidade de um exame mais profundo acerca da agressividade do estudante com a professora e com o colega. Argumentou-se que isso poderia estar relacionado à rigidez comportamental (disfunção executiva) que ocorre quando uma expectativa é quebrada de maneira súbita (p. ex., a retirada do celular). Nesse caso, a orientação consistia em antecipar para o estudante como e quando o celular seria retirado, caso não o fizesse espontaneamente. Em relação ao colega, poder-se-ia tratar mais de uma falha na cognição social do que de agressividade, ao desconhecer formas de comportamentos esperados diante de um colega de outra cultura.

## CASO RODRIGO

### Contextualização

Rodrigo, estudante da área da tecnologia, chegou ao núcleo de inclusão em razão de dificuldades no desenvolvimento de autonomia acadêmica e social. Durante as reuniões com a equipe do núcleo, que contaram com a participação da mãe, observou-se que ele direcionava o olhar para ela constantemente, cada vez que uma pergunta lhe era feita. Ela respondia pelo filho e ele permanecia calado, sem expressar suas preferências ou decisões. A mãe assumia um papel central na organização da rotina acadêmica, além de demandar da equipe constante atenção, enviando *e-mails* frequentes para a equipe pedagógica, solicitando ajustes na carga horária e agenda de monitorias, além de tomar decisões sem a participação ativa do filho. Apesar de a equipe do núcleo de inclusão buscar o envolvimento direto de Rodrigo nas discussões sobre sua rotina universitária, ele se mantinha em silêncio, enquanto sua mãe liderava as interações. A presença dela também parecia impactar seu comportamento, deixando-o mais retraído e "infantilizado", em contraste com os momentos em que estava sozinho, quando demonstrava maior engajamento e interação. Esse caso teve um processo de judicialização da família contra a universidade, no qual foi determinado que uma pedagoga deveria ser contratada especialmente para acompanhar o estudante em sala de aula.

## Dificuldades discutidas

**Dependência materna excessiva:** Rodrigo não expressa suas necessidades ou preferências diretamente, delegando a comunicação à mãe.

**Dificuldade na tomada de decisão:** em reuniões e e-mails, as decisões sobre sua vida acadêmica parecem ser feitas sem sua participação ativa.

**Resistência parental a mudanças na rotina acadêmica:** há inconformidade da mãe diante de ajustes na carga horária e no formato das monitorias. Ela não aceita que os horários da monitoria sejam estipulados pela equipe, levando em consideração sua própria rotina estudantil. Em vez disso, exige que os horários e a frequência dos encontros com monitores sejam baseados na rotina do filho e na necessidade da família.

**Diferenças comportamentais conforme o contexto:** comportamento mais independente e interativo quando a mãe não participa dos atendimentos.

## Impactos e consequências

Dado esse contexto, o aluno pode ter dificuldades na autonomia acadêmica, em que a falta de participação ativa na organização da própria rotina pode comprometer o desenvolvimento de habilidades essenciais para a vida universitária e profissional. A interferência excessiva da mãe e a exigência de um educador especial, em vez de um monitor, em sala de aula, pode dificultar ainda mais o estabelecimento de vínculos interpessoais com colegas e professores. Em razão da recusa da mãe e de Rodrigo para irem ao espaço universitário com mais frequência na semana a fim de participar das monitorias, ele é privado do contato com o ambiente universitário. Essa situação pode piorar sua adaptação à vida acadêmica e social nesse contexto, podendo acarretar também limitação ainda maior em sua capacidade de lidar com imprevistos e novas demandas acadêmicas. Outra questão importante é o conflito na relação família-instituição, uma vez que a intervenção constante da mãe pode gerar dificuldades no trabalho da equipe do núcleo junto a Rodrigo, dificultando estratégias de apoio mais eficazes.

## Reflexões da equipe e dos coordenadores do programa

Uma das grandes questões deste caso é o quanto o estudante depende da mãe e o quanto a mãe assume um papel que dificulta a autonomia e a manifestação de desejos e responsabilidades por parte do estudante. De fato, a respeito disso, a equipe relatou que, em atendimentos, tem sido observado que as mães tendem a ter um comportamento mais superprotetor do que os pais, o que motivou um interesse em entender melhor essa situação.

A equipe também teve dúvidas sobre a adequação da medida obtida via judicialização (acompanhamento de educador especial em sala de aula). Apesar das dúvidas, a equipe procurou trabalhar em conjunto com essa educadora. Tal decisão contraria o processo de acompanhamento discente e monitoria oferecido pelo núcleo de inclusão. Outra consequência foi que, a despeito da exigência judicial de ter o acompanhamento de um educador cumprida pela universidade, o aluno não vinha comparecendo às últimas aulas, pelo menos até o momento de encerramento do programa. Na realidade, ele frequentou apenas poucas aulas com esse tipo de acompanhamento. Tal desfecho aumenta ainda mais a dúvida sobre a medida determinada via judicial e serve de alerta no caso de novas ações dessa natureza.

### Alternativas e práticas pontuadas e/ou realizadas

A equipe relatou que o foco do trabalho foi a autonomia de Rodrigo. Por exemplo, durante os atendimentos, a prática foi sempre se dirigir ao aluno, tanto nas conversas presenciais quanto em *e-mails* (direcionados para o endereço eletrônico do estudante, e não para o da mãe). Também foram propostas reuniões de acompanhamento do aluno, e não somente encontros esporádicos. Durante o programa, buscou-se reassegurar a equipe não apenas acerca das práticas que utilizaram, como também da posição da equipe a respeito do acompanhamento em sala de aula por um educador especial. Foi discutido em equipe que existem muitas evidências empíricas sobre a eficácia da monitoria exercida por pares. Assim, a universidade pode e deve tomar conhecimento dessas informações, a fim de respaldar suas decisões com base na ciência. Dessa forma, tais informações podem auxiliar nas decisões de futuras ações dessa natureza. Foram disponibilizadas publicações científicas sobre o tema para contribuir na formação da equipe e nos argumentos junto aos gestores.

## DISCUSSÃO

Os três casos apresentados levantam dois questionamentos importantes. O primeiro é acerca do "Por que isso acontece?", e o segundo é "Como agir nessas situações?". O primeiro questionamento não tem uma resposta única; o TEA é complexo e diverso em termos de manifestação dos comportamentos e de teorias que tentam explicá-lo. Então, à luz dos casos apresentados, são abordadas algumas teorias que podem auxiliar nessa tarefa: disfunção executiva e rigidez cognitiva (Ozonoff; Pennington; Rogers, 1991); coerência central fraca (Frith, 1989); e cognição social, em especial a teoria da mente (Baron-Cohen; Leslie; Frith, 1985).

A *teoria da disfunção executiva* propõe que indivíduos com TEA apresentam déficits nas funções executivas, as quais são um conjunto de processos cognitivos essenciais para o controle e a regulação do comportamento (Donno *et al.*, 2023). As funções executivas contemplam habilidades como planejamento, flexibilidade cognitiva, controle inibitório, regulação da atenção e memória de trabalho. A *teoria da rigidez cognitiva*, por sua vez, refere-se à dificuldade em flexibilizar diferentes tarefas, padrões de pensamento ou perspectivas, o que pode gerar comportamentos repetitivos e resistência a mudanças (Donno *et al.*, 2023).

Adultos com TEA apresentam dificuldades significativas em flexibilidade comportamental. No caso de Rodrigo, há resistência a mudanças devido à inflexibilidade cognitiva. No caso de Daniel, há impedimento de seguir o passo a passo do protocolo de exame de paciente devido à dificuldade na concentração da atenção em múltiplas tarefas, somada a uma possível sobrecarga sensorial (instruir o paciente, seguir o protocolo e realizar o exame em um ambiente que pode gerar desconforto – uma cabine de atendimento). Problemas no processamento sensorial são uma característica do TEA (APA, 2023). Já no caso de Jorge, sua impulsividade pode ser atribuída a uma falha no controle inibitório.

Segundo a proposta da *teoria da coerência central fraca*, os indivíduos com TEA apresentariam uma dificuldade ou uma preferência cognitiva reduzida para integrar as informações em um todo coerente (processamento global), priorizando os detalhes dos estímulos (processamento local) (Frith, 1989). No caso de Daniel, essa teoria pode ajudar a explicar a oposição do aluno em compreender a sequência do exame como um todo, focando em aspectos isolados, sem conseguir concluí-lo.

Por fim, a terceira perspectiva teórica é a da *cognição social*, sobretudo nas dimensões que tratam da *teoria da mente* (Baron-Cohen; Leslie; Frith, 1985) e da regulação emocional. A teoria da mente sugere que indivíduos com TEA podem ter dificuldades de atribuir estados mentais (crenças, desejos e intenções) a si mesmos e aos outros, prejudicando a compreensão e a antecipação do comportamento alheio. Isso ocasiona uma dificuldade em captar a intenção dos outros e em modular o comportamento, de acordo com o contexto e os padrões culturais. Por exemplo, no caso de Rodrigo, ele pode não perceber que é esperado dele que participe ativamente das discussões sobre sua rotina acadêmica, gerando essa ausência de iniciativa. Em relação a Jorge, essa falha na teoria da mente pode ser uma explicação para o problema em perceber o impacto das suas ações no ambiente (p. ex., arrotar em sala de aula, dar risada do comportamento do colega estrangeiro). Pode indicar também uma limitação na compreensão das emoções alheias.

Essas teorias tentam explicar o funcionamento sociocognitivo e comportamental do TEA, de modo que esse conhecimento pode auxiliar na criação de práticas para o atendimento desses alunos no contexto universitário. Os núcleos de inclusão se deparam com dúvidas acerca de qual é a prática adequada e eficaz para atender os alunos. Entretanto, observou-se, durante as discussões com a equipe, que muitas das práticas e recomendações que o NIA já realizava encontram respaldo na literatura científica. Orientações sobre adaptações curriculares específicas, atendimento individualizado, trabalho voltado para o desenvolvimento de autonomia e independência (habilidades de autodeterminação) e serviços de monitoria são exemplos de práticas únicas e inovadoras na tentativa de abarcar a complexa heterogeneidade do TEA.

A prática que tem se mostrado mais eficaz no atendimento a alunos com deficiência é a tutoria por pares, como visto no Capítulo 3 – Práticas pedagógicas e TEA –, estando amplamente descritos os seus benefícios para os alunos quanto à integração acadêmica e socialização (Hayman *et al.*, 2022; Thompson *et al.*, 2018; Morris; Matta; Fung, 2024). Os monitores, quando pares, ou seja, estudantes da mesma instituição e da mesma faixa etária, exercem um papel fundamental no auxílio aos estudantes com TEA. O tipo de interação que se estabelece é facilitado porque as experiências universitárias são semelhantes, visto que ocorrem na mesma instituição. Os tutores podem auxiliar os estudantes em questões de comunicação e interação social, resolução de problemas e demandas curriculares (Thompson *et al.*, 2018). Contudo, no caso específico do TEA, nem sempre o estudante recorre a esse serviço. Por exemplo, no caso de Rodrigo, a família recorreu à justiça para que a universidade contratasse um educador especial, em vez de aceitar o serviço de monitoria oferecido pela universidade. Algumas justificativas dos alunos com TEA para a não utilização desse espaço incluem "medo de ser estigmatizado", "querer tentar por conta própria" e "acreditar que o serviço de apoio não ajudaria" (Ames *et al.*, 2016; Anderson; Stephenson; Carter, 2017; Aguilar; Rauli, 2020).

Outra prática muito utilizada na literatura científica é a psicoeducação, a qual está diretamente atrelada à diminuição do estigma e do preconceito por meio do conhecimento sobre TEA (Araujo *et al.*, 2023). Esse conhecimento contribui para as interações entre indivíduos com e sem TEA, na atuação dos sistemas de suporte e no desenvolvimento de serviços individualizados para as pessoas (Walsh *et al.*, 2023). Entretanto, as condições que as instituições de ensino superior oferecem ainda são limitadas, sendo a formação de professores um dos principais contratempos no processo de inclusão (Aguilar; Rauli, 2020). O núcleo de inclusão tenta ajudar os docentes e os alunos à medida que pensam e organizam reuniões com as comissões de graduação ou mesmo com professores, como no caso de Jorge, ou ainda capacitações docentes presenciais ou via mídias sociais. A resistência de alguns docentes à flexibilização dos métodos de avaliação, o desconhecimento sobre estratégias pedagógicas adaptativas e a falta de formação específica também têm sido apontados como barreiras significativas (Devi *et al.*, 2024).

Das práticas do núcleo, a que mais chama atenção é a individualização do atendimento. Há alguns anos, as universidades começaram a promover apoios para os alunos com deficiência, mas muitos estudantes precisam de um tipo mais bem orientado e específico para atender às suas demandas (Kantor *et al.*, 2023). Um dos fatores dificultadores para os alunos com TEA no ensino superior pode ser a quantidade limitada de serviços disponíveis para esse público no contexto universitário, incluindo parcerias com a comunidade (Locke *et al.*, 2023). Essa situação de fato contrasta com o que é realizado internacionalmente, uma vez que as parcerias são um dos aspectos mais associados à eficácia dos núcleos de inclusão e acessibilidade (Chile; Black, 2015).

Por fim, um aspecto que merece ser discutido é a questão familiar, mais especificamente o papel dos pais na adaptação do filho no ensino superior. A participação dos pais tanto pode auxiliar quanto interferir no processo de autonomia do filho. A equipe trouxe exemplos de ambas as situações. Uma delas parece refletir o intenso envolvimento materno que, por vezes, pode assumir um estilo de cuidado "superprotetor" em relação aos filhos com TEA. Uma explicação para esse comportamento, por exemplo, seria a sobrecarga materna. Tal sobrecarga tende a ocorrer com mais frequência nas mães, em comparação com os pais, conforme demonstrado em diferentes estudos (Faro et al., 2019; Meimes; Saldanha; Bosa, 2015), o que não significa a ausência de envolvimento paterno, mas sim que é comum as mães, desde a infância dos filhos, se responsabilizarem mais intensamente pelo cuidado direto dos filhos (Libio; Bosa, 2023). Os pais, por sua vez, tendem a assumir um papel de principal provedor e de auxílio em diferentes tarefas.

O estudo de Faro *et al.* (2019) demonstrou, por exemplo, o quanto a sobrecarga e o estresse materno estão associados a um menor nível de suporte familiar, amparo afetivo e apoio em tomadas de decisões (Faro *et al.*, 2019). Especialmente no caso de crianças com dificuldades significativas de comunicação e de interação, observa-se que as mães tendem a "preencher" essa lacuna que, em outras circunstâncias, seria ocupada por relações sociais mais amplas (p. ex., convívio com outras crianças). Nesse caso, a mãe torna-se uma espécie de "porta-voz" das necessidades e dos desejos do filho. Desse modo, é possível pensar que tal estilo parental se estenda ao longo da vida do filho, o que assinala a importância do trabalho dos núcleos de acessibilidade junto às famílias.

## CONSIDERAÇÕES FINAIS

O aumento do ingresso de alunos com TEA nas universidades tornará cada vez mais difícil a individualização do atendimento caso as instituições não ofereçam maiores condições orçamentárias e humanas, além de infraestrutura para os núcleos. Além disso, é fundamental a articulação com diferentes setores institucionais, como professores, coordenações de curso e serviços terapêuticos externos, garantindo que o suporte seja verdadeiramente inclusivo, sustentável e eficaz.

As atividades desenvolvidas pelos núcleos de inclusão e acessibilidade podem impactar diretamente a experiência acadêmica dos estudantes com TEA. Não basta garantir o acesso do estudante à universidade: também é necessário assegurar sua permanência e promoção na trajetória acadêmica, além de prepará-lo para o ingresso no mercado de trabalho.

Diante desse cenário, as perspectivas para práticas inclusivas no ensino superior apontam para a necessidade de uma abordagem mais integrada e baseada em evidências empíricas. Algumas direções possíveis incluem as seguintes.

- Fortalecimento da formação docente, por meio de formação continuada sobre TEA e inclusão, o que resulta em métodos de ensino mais acessíveis, redução de barreiras pedagógicas e promoção da aprendizagem ativa.
- Protocolos institucionais claros, com definição de diretrizes para a comunicação entre famílias, estudantes, professores, coordenações e o próprio núcleo. Isso poderia ajudar a equilibrar o suporte necessário sem comprometer a autonomia dos estudantes, além de não sobrecarregar as equipes dos núcleos de acessibilidade.
- Aprimoramento das práticas de acessibilidade, expansão dos serviços de monitoria, tutoria entre pares e formação de parcerias para acompanhamento psicológico dos estudantes.
- Práticas de psicoeducação como *workshops*, cursos e palestras para a comunidade acadêmica.
- Pesquisa e inovação em inclusão, a fim de incentivar a produção científica e a troca de experiências entre instituições, permitindo o desenvolvimento de novas estratégias para melhorar a acessibilidade e a permanência dos estudantes com TEA.

O avanço da inclusão no ensino superior depende de um esforço contínuo para equilibrar suporte e autonomia, garantindo que os estudantes com TEA tenham condições de construir trajetórias acadêmicas significativas. Assim, os núcleos de acessibilidade continuam a desempenhar um papel essencial na construção de um ambiente universitário verdadeiramente inclusivo e preparado para o atendimento à diversidade.

## REFERÊNCIAS

AGUILAR, C. P. C.; RAULI, P. F. Desafios da inclusão: a invisibilidade das pessoas com transtorno do espectro autista no ensino superior. *Revista Educação Especial*, v. 36, artigo e43, 2020.

AMERICAN PSYCHIATRIC ASSOCIATION (APA). *Manual diagnóstico e estatístico de transtornos mentais*: DSM-5-TR. 5. ed. rev. Porto Alegre: Artmed, 2023.

AMES, M. E. *et al.* Overview and evaluation of a mentorship program for university students with ASD. *Focus on autism and other developmental disabilities,* v. 31, n. 1, p. 27-36, 2016.

ANDERSON, A. H.; STEPHENSON, J.; CARTER, M. A systematic literature review of the experiences and supports of students with autism spectrum disorder in post-secondary education. *Research in Autism Spectrum Disorders*, v. 39, p. 33-53, 2017.

ARAUJO, A. G. R. *et al.* Stigma and knowledge about autism in Brazil: a psychometric and intervention study. *Autism*, v. 28, n. 1, p. 215-228, 2023.

BARON-COHEN, S.; LESLIE, A. M.; FRITH, U. Does the autistic child have a "theory of mind"? *Cognition*, v. 21, n. 1, p. 37-46, 1985.

BOTTEMA-BEUTEL, K. *et al.* Avoiding ableist language: suggestions for autism researchers. *Autism in Adulthood*, v. 3, n. 1, p. 18-29, 2021.

BRASIL. *Lei nº 13.146, de 6 de julho de 2015*. Institui a Lei Brasileira de Inclusão da Pessoa com Deficiência (Estatuto da Pessoa com Deficiência). Brasília: Presidência da República, [2024]. Disponível em: https://www.planalto.gov.br/ccivil_03/_Ato2015-2018/2015/Lei/L13146.htm. Acesso em: 10 abr. 2025.

BRASIL. Secretaria de Educação Continuada, Alfabetização, Diversidade e Inclusão. *Programa incluir:* acessibilidade na educação superior SECADI/SESu–2013. Brasília: Ministério da Educação, 2013. Documento orientador.

CHILE, L. M.; BLACK, X. M. University-community engagement: case study of university social responsibility. *Education, Citizenship and Social Justice,* v. 10, n. 3, p. 234-253, 2015.

CIANTELLI, A. P. C.; LEITE, L. P. Ações exercidas pelos núcleos de acessibilidade nas universidades federais brasileiras. *Revista Brasileira de Educação Especial,* v. 22, n. 3, p. 413-428, 2016.

DEVI, A. *et al.* Teachers' educational experiences and preparedness in teaching students with autism. *The Asia-Pacific Education Researcher*, v. 33, n. 1, p. 71-81, 2024.

DONNO, F. *et al.* Social and executive functioning in individuals with autism spectrum disorder without intellectual disability: the case–control study protocol of the CNeSA study. *Frontiers in Child and Adolescent Psychiatry*, v. 2, article 1149244, 2023.

FARO, K. C. A. *et al.* Autismo e mães com e sem estresse: análise da sobrecarga materna e do suporte familiar. *Psico,* v. 50, n. 2, artigo e30080, 2019.

FRITH, U. Autism and "theory of mind". *In*: GILLBERG, C. (ed.). *Diagnosis and treatment of autism.* Nova York: Plenum, 1989. p. 33-52.

HAYMAN, R. *et al.* Benefits and motives for peer mentoring in higher education: an exploration through the lens of cultural capital. *Mentoring & Tutoring:* Partnership in Learning, v. 30, n. 2, p. 256-273, 2022.

INSTITUTO NACIONAL DE ESTUDOS E PESQUISAS EDUCACIONAIS ANÍSIO TEIXEIRA (INEP). *Censo da Educação Superior 2023.* Brasília: INEP, 2024. Disponível em: https://download.inep.gov.br/educacao_superior/censo_superior/documentos/2023/apresentacao_censo_da_educacao_superior_2023.pdf. Acesso em: 14 abr. 2025.

KANTOR, J. *et al.* Impact of educational and psychological interventions compared with standard care in college/university students with autism spectrum disorder: a systematic review protocol. *JBI Evidence Synthesis,* v. 21, n. 6, p. 1299-1309, 2023.

KAPP, S. K. (ed.). *Autistic community and the neurodiversity movement*: stories from the frontline. Singapore: Palgrave Macmillan, 2020. p. 330

LÍBIO, L.; BOSA, C. A. Resiliência familiar no contexto do Transtorno do Espectro Autista: a perspectiva dos irmãos. *Psicologia Clínica,* v. 35, n. 3, p. 449-473, 2023.

LOCKE, J. *et al.* Supporting autistic college students: examining the Mentoring, Organization and Social Support for Autism Inclusion on Campus (MOSSAIC) program. *Journal of Autism and Developmental Disorders,* v. 54, n. 6, p. 2094-2107, 2023.

MCDONALD, T. M. *et al.* Appropriateness, acceptability, and feasibility of a neurodiversity-based self-determination program for autistic adults. *Journal of Autism and Developmental Disorders,* v. 53, n. 8, p. 2933-2953, 2023.

MEIMES, M. A.; SALDANHA, H. C.; BOSA, C. A. Adaptação materna ao transtorno do espectro autismo: relações entre crenças, sentimentos e fatores psicossociais. *Psico,* v. 46, n. 4, p. 412-422, 2015.

MELO, F. R. L. V. D.; ARAÚJO, E. R. Núcleos de acessibilidade nas universidades: reflexões a partir de uma experiência institucional. *Psicologia Escolar e Educacional,* v. 22, p. 57-66, 2018. Número Especial.

MORRIS, I. F.; MATTA, C.; FUNG, L. K. A scoping review of peer mentoring programs for autistic college students. *Review Journal of Autism and Developmental Disorders,* v. 11, n. 1, p. 21-38, 2024.

MOSCHEN, I. P.; BOSA, C. A. Programas para a promoção da inclusão de estudantes com autismo no ensino superior: desafios e possibilidades. *In*: SCHMIDT, C.; PAULA, C. S. de (org.). *Transtorno do espectro autista:* pesquisas na saúde e na educação. Campinas: Papirus, 2024. cap. 8.

MYRVOLD, R. *et al.* Understanding the experiences of autistic college students: an exploratory mixed-methods analysis. *International Journal of Autism & Related Disabilities*, IJARD-148, 2021.

NOZU, W. C. S.; BRUNO, M. M. G.; CABRAL, L. S. A. Inclusão no ensino superior: políticas e práticas na Universidade Federal da Grande Dourados. *Psicologia Escolar e Educacional,* v. 22, p. 105-113, 2018. Número Especial.

OLIVATI, A. G.; LEITE, L. P. Experiências acadêmicas de estudantes universitários com transtornos do espectro autista: uma análise interpretativa dos relatos. *Revista Brasileira de Educação Especial,* v. 25, n. 4, p. 729-746, 2019.

OZONOFF, S.; PENNINGTON, B. F.; ROGERS, S. J. Executive function deficits in high-functioning autistic individuals: relationship to theory of mind. *Journal of child Psychology and Psychiatry,* v. 32, n. 7, p. 1081-1105, 1991.

REID, D. H. Training staff to provide quality support for adults with autism spectrum disorder: recommended practices and target skills. *Advances in Neurodevelopmental Disorders,* v. 3, n. 4, p. 457-467, 2019.

ROBERTSON, S. M. Neurodiversity, quality of life, and autistic adults: shifting research and professional focuses onto real-life challenges. *Disability Studies Quarterly,* v. 30, n. 1, 2010.

SASSAKI, R. K. Inclusão: acessibilidade no lazer, trabalho e educação. *Revista Nacional de Reabilitação,* ano 12, p. 10-16, 2009.

THOMPSON, C. *et al.* A realist evaluation of peer mentoring support for university students with autism. *British Journal of Special Education,* v. 45, n. 4, p. 412-434, 2018.

WALSH, C. *et al.* A systematic review of interventions to improve healthcare experiences and access in autism. *Review Journal of Autism and Developmental Disorders,* v. 10, n. 2, p. 185-202, 2023.

## LEITURAS RECOMENDADAS

CRESWELL, J. W.; POTH, C. N. *Qualitative inquiry and research design:* choosing among five approaches. 4. ed. Thousand Oaks: Sage, 2016.

HOLLOCKS, M. J. *et al.* Anxiety and depression in adults with autism spectrum disorder: a systematic review and meta-analysis. *Psychological Medicine,* v. 49, n. 4, p. 559-572, 2019.

# 9

# A trajetória de um aluno com TEA no ensino superior: relato de experiência

Ícaro Araujo de Abreu

Inicialmente, este capítulo tem por objetivo apresentar, de forma contextualizada, minha vivência enquanto pessoa com transtorno do espectro autista (TEA) no ensino superior. Em seguida, trato das principais dificuldades que observei durante essa trajetória. Por fim, apresento redes e sistemas de apoio que se fizeram presentes, dando ênfase a possíveis caminhos para tentar tornar o ambiente de ensino superior mais inclusivo. Sempre que possível, tentei integrar minha vivência com pesquisas recentes e com a perspectiva de outras pessoas autistas.

## CONTEXTUALIZAÇÃO DA MINHA VIVÊNCIA ENQUANTO AUTISTA

O autismo abarca uma variedade enorme de vivências. O espectro, caleidoscópico como é, faz qualquer relato de experiência precisar de algumas delimitações. Começo com o óbvio: a minha vivência é só minha. Não posso e nem pensaria em falar pela totalidade do que é ser autista. Na imensidão do espectro autista, sou apenas um ponto.

Dito isso, passo a explicar minha condição. Sou autista de nível 1 de suporte, com perfil associado de altas habilidades. Sofro para me comunicar em diversos espaços da minha vida e tenho um marcado desconforto com comunicação não verbal. Sou falante, e não faço uso de comunicação aumentativa na enorme maioria do tempo, embora já tenha vivenciado períodos de mutismo seletivo. Convivo e convivi sempre com as flutuações e os caprichos do meu processamento sensorial, o que incontáveis vezes me deixou incapaz de exercer minha autonomia. Ruídos e calor me desregulam muito.

Sempre mascarei muito minhas dificuldades, e já durante a adolescência comecei a vivenciar desdobramentos relativos à ansiedade e depressão. Muito da minha própria formação acadêmica forneceu subsídios para que eu pudesse entender as *nuances* da comunicação humana, mas as trocas e os diálogos com outras pessoas permanecem custosos e demandam uma vigilância constante. É uma funcionalidade que custa caro.

Como formação, me graduei em letras, com ênfase em ensino de língua inglesa, e, depois, em fonoaudiologia, profissão que exerço atualmente. Sou estudante de pós-graduação e apaixonado por pesquisa – desdobramentos dos meus interesses específicos que podem tanto ser produtivos quanto perigosos se não examinados. É desse local de intersecção, de profissional e pesquisador além de autista, que trago tais reflexões.

Fui diagnosticado tardiamente, já durante a segunda graduação. Isso significa que passei muitos anos batalhando com dificuldades invisíveis aos outros e, infelizmente, também a mim mesmo. O que motivou essa busca por um diagnóstico foi um aumento nas crises, que na época eu atribuía a alguma espécie de *burnout*, além de uma piora marcada na depressão e na ansiedade. Como muitas pessoas com perfil parecido com o meu, a ausência de suporte me levou a fazer tudo como podia, até que, certo dia, eu já não conseguia mais.

Tenho alguns interesses que me acompanham a vida toda e que são âncoras e bússolas para os meus pensamentos. É alguma sorte que entre meus interesses específicos estejam a neuropsicologia, a linguística, a comunicação humana e o próprio autismo. Tenho plena consciência de que isso me ajuda muito no quesito acadêmico. Por outro lado, esse fato trouxe também seus problemas. Foi apenas nos últimos anos que entendi como pode ser ruim entrar em longos períodos de hiperfoco. Tenho uma dificuldade em separar o trabalho do restante da vida, uma vez que o engajamento com as temáticas com que lido me anima tanto quanto a maioria dos *hobbies*.

Meu trabalho, minha pesquisa e minha vida pessoal são todos permeados pelo autismo. Há dias em que isso me encanta e me motiva muito, pensando no tanto que ainda há por entender e no tanto que se pode melhorar no apoio à nossa população. Contudo, em outros dias me pergunto se a vida era para ser assim tão torturante e complicada. Não tenho intenção de entrar em debates sobre terminologias e recortes de neurodiversidade, mas posso dizer que, na minha vivência, o *transtorno* é real e me impediu e me impede de viver muita coisa. Não me resume, mas é parte inerente de como eu vivo.

Fiz duas graduações, estou na pós-graduação e trabalho, ainda que com restrições. Sempre tive um ótimo desempenho acadêmico. O leitor pode se perguntar como, então, poderia haver alguma dificuldade nisso, pois, pelo visto, eu seria prova de que, com esforço e dedicação, é possível "superar o autismo", não?

Essa não é nem de longe a mensagem que eu gostaria de passar aqui. Eu não poderia ficar em paz comigo mesmo sem reforçar que pude fazer tudo o que fiz por causa de uma conjuntura de fatores tanto internos quanto externos. Sim, por um lado, consegui muita coisa puramente compensando e me adaptando por meio de esforço, ainda que a um preço alto, porque o meu perfil demanda um suporte menor. Aprendo rápido, o que com certeza ajuda.

O outro lado da moeda é que eu sempre tive um contexto social favorável. Sou branco, de classe média, e todos na minha família têm ensino superior. Pude fazer graduação sem ter que trabalhar. Pude suprir necessidades básicas sem ter de passar por estresse financeiro. Tive acesso a escola particular e bilíngue durante toda a juventude, pude estudar outras línguas e vivenciar outras culturas.

Meus privilégios sociais certamente são parte do que me permitiu chegar aonde cheguei. É exatamente isso que quero ressaltar: o fato de que cheguei aqui com um perfil de menor suporte e ainda apoio e circunstâncias sociais favoráveis. Mesmo nesse contexto, vivenciei e vivencio dificuldades importantes. Isso tudo não anula o fato de eu ser autista e tampouco significa que eu não precise de suporte. Assim como 25% dos jovens autistas, vivenciei ideação suicida (O'Halloran; Coey; Wilson, 2022) e convivo com outros desdobramentos de saúde mental desde muito cedo. Se eu não tivesse conseguido um suporte maior, meu desfecho talvez fosse mais uma estatística.

## DESAFIOS E BARREIRAS NO CONTEXTO DO ENSINO SUPERIOR

A vivência enquanto pessoa autista no ensino superior não é isenta de dificuldades. Os desafios variam de indivíduo para indivíduo com base em diversas variáveis.

Schembri-Mutch, McCrimmon e Zwiers (2024), ao entrevistarem 12 pessoas autistas estudantes de ensino superior no contexto canadense, encontraram três grandes temáticas percebidas como impasses nessa etapa: fatores intrapessoais, interpessoais e sistêmicos. Entre as dificuldades intrapessoais relatadas, estão problemas com flexibilização de rotinas, manejo de diferentes grupos de pessoas e diversos contextos de aula, comunicação mais dependente de inferências e falta de acomodação para alterações sensoriais. Já as dificuldades interpessoais se referem tanto a amizades quanto a relações profissionais formadas em ambiente acadêmico, com esforço em diferenciá-las e aprofundá-las. Por fim, entre as questões sistêmicas, os alunos relatam dificuldade de lidar com questões burocráticas, adaptações em espaços, como laboratórios, além de diagnóstico tardio.

Outro estudo (Jackson *et al.*, 2018), por meio de um levantamento *online*, investigou as experiências sociais, acadêmicas e de saúde mental de estudantes autistas no ensino superior em diferentes países de língua inglesa (Estados Unidos, Canadá e Reino Unido). Cerca de 21% dos participantes relataram desconforto com as demandas acadêmicas, e 30% gostariam de mais sistemas de apoio nas instituições de ensino. A solidão foi um ponto levantado como relevante, com cerca de 40% dos alunos referindo insatisfação com seu número de amigos. Depressão e ansiedade apareceram como as principais comorbidades de saúde mental, em 35 e 33% dos casos, respectivamente.

Ao longo da minha vida no ensino superior, várias dessas questões se provaram desde desafiadoras até verdadeiramente massacrantes, indo além do meio exclusivamente acadêmico. Acho que o termo "desafio" pode dar uma ideia errada de que, com esforço suficiente, a questão poderia ser superada. O fato é que, mesmo nas melhores circunstâncias, alguns desses "desafios" se provaram barreiras intransponíveis. Eu me esforcei, muitas vezes mais do que seria saudável, e a barreira nunca foi derrubada. É aí que entra, evidentemente, o paradigma da inclusão.

A organização de conteúdos apresentada em Schrembi-Mutch, McCrimmon e Zwiers (2024) é interessante para tentar agrupar alguns dos principais problemas que enfrentei, de modo que optei por utilizá-la para estruturar as próximas seções e discutir como foi a minha vivência dentro desses três eixos de dificuldades.

## DIFICULDADES INTRAPESSOAIS

Muitos dos maiores problemas do cotidiano enquanto pessoa autista são inteiramente invisíveis àqueles ao meu redor. Antes de eu ter conhecimento do meu diagnóstico e de ter ferramentas para lidar com algumas dessas questões internas, elas dominavam boa parte da minha tomada de decisões sem que eu chegasse a ter consciência disso.

Um fator dificílimo para mim é a flexibilidade e a organização de agenda que o ensino superior demanda. Horários mudam, em média, de seis em 6 meses, assim como locais, grupos e estilos de aula. Meus primeiros anos na graduação foram muito difíceis e marcados por uma ansiedade constante, em especial no período entre a matrícula e o primeiro mês letivo. Demorava para me adaptar, e o enorme influxo de informações frequentemente gerava sobrecarga.

Nesse aspecto, uma das principais questões é a falta de clareza na comunicação. Com frequência se fala em como pessoas autistas são literais em seu entendimento de discurso. Na minha perspectiva, acho muitas pessoas vagas e confusas em sua forma de falar. No contexto acadêmico, muitas vezes interpretei algum dizer de um professor acerca de prazos ou demandas tal qual foi dito, o que me gerou ansiedade ao descobrir, mais tarde, que não era isso que queria dizer. Esse ajuste constante de tentar entender o que está de fato sendo dito, e que talvez meus planos tenham que ser reajustados, é extremamente cansativo.

Com o passar do tempo, comecei a ser mais inquisitivo nesse sentido e sempre buscar confirmar meu entendimento, o que me gerou a fama de ansioso. Uma relativa tranquilidade em relação a essas questões só me foi possível já no contexto de pós-graduação, quando muitos desses padrões já haviam se repetido vezes o suficiente para raramente apresentarem alguma surpresa.

Há aspectos que nunca se tornaram mais fáceis. Para mim, o mais difícil é lidar com as informações sensoriais da universidade: desde salas de aula e corredores a ambientes comunitários, como o restaurante universitário, as salas de estudo ou bibliotecas. Tenho uma sensibilidade extrema a ruídos, o que exige de mim um esforço enorme para ignorá-los, sendo algo que raramente consigo fazer por tempo prolongado, por mais de vinte ou trinta minutos. Começo a sentir cansaço, irritação e, aos poucos, vou ou me desligando do mundo (*shut-down*) ou me desregulando completamente.

Em qualquer dos casos, o sofrimento é grande e anula qualquer benefício que eu possa estar tendo no ambiente.

Isso é especialmente desafiador porque, afinal, não é possível simplesmente pedir para todo mundo fazer silêncio sempre. Ao mesmo tempo, protetores auriculares não filtram o ruído de fundo para eu escutar apenas o professor, além de causarem um estranhamento. Quando, além desse estressor, outros se somam, como mudança de temperatura, algum cheiro, como produto de limpeza ou perfume, ou muito tempo em um assento que não permita ajustes na postura, minha capacidade de prestar atenção e de fato aprender desaba.

## DIFICULDADES INTERPESSOAIS

Agora, entramos no âmbito social. Para isso, proponho um exercício de imaginação, que espero aproximar a minha vivência de um olhar neurotípico. Pense que você é o piloto de um avião que precisa aterrissar em um local predeterminado. É uma pista notoriamente estreita e curta, sem muita margem para erro. O problema: seu avião não tem nenhum sistema interno que informe altitude, posição ou ângulo relativo ao solo. Tudo o que você tem para guiar seu caminho é a sua visão e, caso já tenha feito isso muitas vezes, um *feeling* do que costuma dar certo. Nada de navegação automática. Torçamos para que seja dia e que não haja nuvens, ou estamos falando de uma missão impossível.

Quando estou navegando conversas, sobretudo com pessoas menos conhecidas, me sinto exatamente como esse piloto imaginário. Deve ser realmente muito prático tantos dados implícitos ao se conversar com alguém. É quase como um piloto automático, suponho. Como é frequente ouvir "É claro que ele quis dizer isso!". Muitas vezes não vejo sentido ou evidência nenhuma e, mesmo com anos de treino, muitas situações ainda me escapam.

Um dos principais percalços que enfrentei ao longo da vida acadêmica foi o sentimento de solidão e isolamento associados a uma exaustão e a um sentimento de fracasso social. A universidade, enquanto local, é composta por uma rede muito complexa de relações. Há as relações mais horizontais e próximas, com os colegas, há diferentes níveis de hierarquia, seja com colegas mais adiantados no curso, com professores ou com estudantes de pós-graduação, e há a simples magnitude do número de pessoas envolvidas.

Fiz pouquíssimos amigos, e tenho pouco contato com a maioria dos colegas até hoje. Muitas vezes tive dificuldade em me fazer entender, e pessoas mais próximas que conviveram comigo na época comentaram sobre quão estressado e ansioso eu sempre parecia. Os motivos para isso incluem uma combinação de frustração, por não ter um desempenho social como gostaria, e cansaço, após despender muita energia para agir de forma natural, artificial. Veja, em muitos casos sei que fui bem-sucedido nas minhas interações. Consegui demonstrar o que queria, me fazer entender e, acho eu, entender também os outros.

Mesmo nesses casos, no entanto, o preço foi alto. A camuflagem social, ou *masking*, isto é, mascarar ou compensar comportamentos autistas na comunicação (Cook *et al.*, 2021), é um fenômeno que faz tanta parte do meu cotidiano que foi apenas pela pesquisa que consegui pensar nos seus impactos deletérios. De fato, essa camuflagem social constante exaure muitas pessoas no espectro e está associada a depressão, ansiedade social, ansiedade generalizada e risco aumentado de suicídio (Klein *et al.*, 2022; Hull *et al.*, 2021; Cassidy *et al.*, 2018). Ainda que a camuflagem social extrapole o âmbito do ensino superior e abarque todas as esferas da vida, seu impacto na qualidade de vida de pessoas autistas não pode ser subestimado ou ignorado no planejamento de medidas de inclusão.

## DIFICULDADES SISTÊMICAS E INSTITUCIONAIS

Flexibilizar regras ou atitudes institucionais para fins de inclusão é notoriamente difícil. Na prática, é algo que costuma demandar mobilização coletiva, e mudanças nesse sentido costumam ser mais lentas do que se gostaria. Há algumas questões nesse âmbito que vivenciei no ensino superior: a questão da presença em atividades *in loco*, o manejo de faltas e o baixo suporte em estágios. Discorro mais sobre cada um desses casos a seguir.

A questão de faltas e dificuldade em manter a frequência em atividades presenciais é algo que na minha experiência sempre surgiu em discussões com outras pessoas autistas no ensino superior. Como espero ter mostrado, o ambiente universitário tem muito potencial para gerar desregulação e mesmo crises, seja pelo âmbito de cobranças, estímulos sensoriais, dificuldades sociais, ou uma soma de tudo isso.

Muitas vezes a carga horária semanal de aulas em um curso de graduação é alta. Na segunda graduação, na época em período integral, facilmente chegava a trinta horas passadas na universidade toda semana. Meus colegas neurotípicos já ficavam exaustos com a soma de carga de aula, quantidade de conteúdo, deslocamento e a própria logística.

Para mim, esse foi um dos períodos mais estressantes da vida. Eu estava quase sempre exausto, extremamente estressado e reativo. Crises de ansiedade eram frequentes, e eu tinha tanto medo de "não aguentar" que quase não me abria para qualquer experiência além do obrigatório. Acabei me atendo muito mais a uma rotina rígida, reduzindo ao máximo os estressores, e, ainda assim, quase toda semana eu tinha que calcular se poderia faltar alguma aula, separar algum turno ou mesmo algum dia para ficar em casa e basicamente dormir o dia inteiro.

Na época estava ainda investigando um possível diagnóstico, então concluí que eu era apenas preguiçoso e que não me esforçava tanto quanto meus colegas. Estava sempre no limite de faltas, e sem qualquer possibilidade de justificá-las ou aboná-las. Infelizmente, esse tipo de problema persiste, visto que minhas dificuldades de estar em atividades presenciais com carga horária tão alta não estão previstas nos regulamentos para faltas.

A transição das aulas para o início da vida profissional se provou ainda mais desgastante. Eu já conhecia há muito tempo o funcionamento de uma sala de aula, de avaliações e de estudo por conta própria. Uma grande sorte sempre foi ter uma enorme motivação e por vezes hiperfoco em estudos, o que fazia eu me sentir energizado o suficiente para continuar, na maioria dos dias. Porém, ao entrar em estágios, isso mudou muito rapidamente.

Tanto os estágios de docência na licenciatura quanto os estágios clínicos na fonoaudiologia foram aterrorizantes. Eu perdia o sono planejando como iria interagir com aquelas pessoas, fossem alunos ou pacientes. O nervosismo que em geral acompanha quem ingressa em uma nova atividade profissional para mim se somava a um enorme problema de interação social. Além de saber, por exemplo, como utilizar determinado instrumento de avaliação, eu precisava manter o contato visual com o paciente, precisava parecer calmo, usar uma entonação adequada, usar um vocabulário apropriado, não me mover excessivamente para que não chamasse atenção pelos meus *stims*.[1] Isso tudo, muitas vezes, sendo observado e avaliado por outra pessoa.

---

[1] Também conhecidos como estereotipias. São ações ou movimentos repetitivos comuns em pessoas com TEA.

A grande questão é que essas dificuldades se perderam em uma lógica de que em estágios e, de fato, na atuação profissional como um todo, se "aprende fazendo" por meio de uma prova de fogo. É um tipo de aprendizado por vezes implícito e pautado em regras que ninguém explica. Isso simplesmente não funciona comigo. Eu preciso de regras, de instruções, de procedimentos, sobretudo para interagir com pessoas. Na prática, aprendi simplesmente emulando o que via outros fazerem. Decorei frases, meios de fazer perguntas, meios de responder, me expressar e me mover. Só fui começar a agir naturalmente muito tempo depois, e ainda hoje vivencio esse nervosismo. Muitas vezes, prefiro interações *online* a interações ao vivo.

O mais triste é que toda a minha autocobrança no ensino superior veio e vinha de uma realidade simples: em um ambiente competitivo e que preza por produtividade e resultados, a inclusão pode ficar à margem. Colegas meus, também autistas, alguns com mais necessidades de suporte, nem sempre conseguiram compensar suas dificuldades e sofreram com barreiras do capacitismo. O resultado não surpreende. Alguns trancaram o curso, evadiram-se ou foram reprovados. Mesmo aqueles que, como eu, concluíram a graduação, fizeram isso muitas vezes a um alto custo de saúde mental e física.

Isso tudo apenas reforça a necessidade de sistemas de apoio e de inclusão nesse contexto. A seguir, falo dos diferentes tipos de apoio que recebi e que conheci para pessoas autistas no ensino superior.

## REDES DE APOIO INSTITUCIONAL

Entendendo a complexidade da situação de pessoas autistas no ensino superior, é imprescindível abordar o que me ajuda a persistir nesse ambiente e ocupar espaços acadêmicos e profissionais. Dou ênfase aqui a redes e sistemas em um paradigma de inclusão, não me aprofundando em intervenções clínicas, embora estas também tenham tido um papel importante para mim.

A inclusão está prevista institucionalmente no Brasil. Na minha trajetória universitária, tive contato e acesso ao Incluir, programa da universidade que frequentei. Por meio dele, consegui alguns ajustes, como ter locais designados para uso no restaurante universitário, reduzindo sobrecarga sensorial, além de fazer a ponte de informar professores e comissões sobre minha condição como pessoa autista. O acompanhamento foi breve e sempre em contexto individual. Os profissionais envolvidos mostraram bastante abertura para entender minhas dificuldades, ainda que nem sempre houvesse uma solução efetiva para as questões, especialmente no que diz respeito a aspectos sensoriais e de faltas. Nesse quesito, as decisões cabem a outras instâncias, nas quais não há a mesma acessibilidade.

## INFORMAÇÃO E PSICOEDUCAÇÃO

Existe aquele ditado famoso de que conhecimento é poder. De fato, conhecimento é poder ajudar, quando aliado à empatia. O estigma associado ao autismo é ainda considerável, bem como a desinformação a respeito. No Brasil, esse estigma ainda é pouco pesquisado, mas há evidências iniciais de que ele pode ser reduzido por meio de conscientização e capacitação (Araujo *et al.*, 2024).

Durante minha graduação em fonoaudiologia, tive acesso a palestras, discussões e rodas de conversa sobre estudos de deficiência e sobre apoio para diferentes grupos, incluindo pessoas autistas. Lembro do quanto isso me instrumentalizou, não apenas em termos técnicos (p. ex., "que suporte esse grupo precisa e como pode ser dado"), mas também no sentido de mudar minha mentalidade acerca da ideia do que é ser uma pessoa com deficiência.

Além disso, para mim, ouvir pessoas autistas falando de suas experiências mudou completamente minha perspectiva e foi um ponto-chave para toda a minha trajetória com o diagnóstico. Uma professora muito querida, e que me ensinou muito do que hoje sei sobre inclusão, me recomendou um livro de Temple Grandin, *O cérebro autista*. Foi lendo aquele livro que eu entendi o que poderia estar acontecendo comigo.

Posteriormente, outros livros, como *Autismo sem máscara*, de Devon Price, *We're not Broken*, de Eric Garcia, e *A diferença invisível*, de Julie Dachez, foram complementando essa visão e a inserindo no nível de sociedade, já em um debate de neurodiversidade. Entendi e aceitei, assim, que haveria dificuldades intrínsecas em ser autista, mas que também havia questões de uma falta de escuta e entendimento por parte da sociedade neurotípica.

O outro lado da moeda é a psicoeducação de quem convive conosco. Em um âmbito clínico, isso pode incluir a família, especialmente, e a escola, para crianças e adolescentes autistas. Com autistas adultos na universidade, no entanto, isso parece não ter o mesmo peso. Não tenho dúvida de que uma conscientização e de fato uma psicoeducação pautada em evidências e em inclusão fariam uma enorme diferença no cotidiano acadêmico de alunos autistas.

Digo isso especialmente porque convivi em boa parte com profissionais da saúde, pessoas que, de algum modo, já têm mais acesso à informação embasada. E, ainda assim, sempre que decidia me abrir sobre meu diagnóstico, isso vinha com muitas perguntas e, no fim das contas, uma espécie de psicoeducação informal de minha parte. É importante que isso seja mais disseminado, e que professores, outros profissionais universitários e mesmo os colegas recebam informação a esse respeito. De outro modo, o peso da psicoeducação e da conscientização recai quase inteiramente nas próprias pessoas autistas, sem respaldo institucional. Tive a sorte de não ter meu diagnóstico desmerecido, invalidado ou mesmo ridicularizado, mas conheço várias pessoas autistas que passaram por isso dentro da universidade.

A diferença na interação e no acolhimento que recebi na vida acadêmica vindos de pessoas que entendem sobre inclusão e neurodiversidade, comparadas com quem não tem contato com isso, é gritante. Muitos desses professores e profissionais se informaram buscando por conta, o que reforça a questão de que, no fim, a solução para algo social e coletivo acaba dependendo do interesse individual. Mudar esse cenário, penso, é essencial para de fato alcançar uma acessibilidade também atitudinal, e perpassa antes de tudo uma escuta e uma valorização das vozes autistas.

## APOIO DE PARES E O COLETIVO

Desde o momento em que descobri meu diagnóstico, minha principal busca foi encontrar outras pessoas que vivessem o mesmo que eu. No contexto acadêmico, isso se tornou possível por meio de contato com o Coletivo Autista da Universidade Federal do Rio Grande do Sul (UFRGS), grupo voltado não apenas para alunos, mas também para servidores e professores autistas. Criado em 2021, tem como principal pauta a permanência de alunos autistas na UFRGS e a disseminação de conhecimento para promoção de inclusão (Plá, 2021; Coletivo..., 2021).

Um fator muito importante da atuação do coletivo para mim foi viabilizar o contato com outras pessoas autistas no mesmo espaço que eu. Diferentes pautas surgem da própria diversidade de vivências, e muitos dos sofrimentos são validados e transformados em espaços assim. Além disso, a coletividade torna possível maior visibilidade e movimentação para resolver os impasses que enfrentamos enquanto minoria.

Isso abarca, por exemplo, questões de adaptações acadêmicas: meios para facilitar a compreensão do que é dito em ambientes ruidosos, como apoios visuais, gravações ou materiais escritos. Há, também, barreiras atitudinais, como dificuldade em ter seu diagnóstico levado a sério, casos de capacitismo e isolamento social. A organização coletiva permite um maior diálogo dentro de ambientes institucionais e, portanto, um movimento mais articulado em prol dos direitos e da visibilidade de pessoas autistas enquanto grupo.

## CONSIDERAÇÕES FINAIS

A inclusão de pessoas autistas no ensino superior é, ainda, uma discussão recente. Mudanças efetivas requerem um nível de abrangência considerável. Estamos falando de mudanças sistêmicas, que perpassam desde aspectos institucionais até sociais e atitudinais. Para isso, penso ser de extrema importância a presença cada vez maior de pessoas autistas na tomada de decisões acerca de adaptações que lhes dizem respeito.

Uma abordagem participativa e que dá voz a pessoas autistas tem se mostrado promissora em pesquisas recentes. Por exemplo, no âmbito escolar, apoio e tutoria fornecidos por pares autistas foram percebidos como positivos para o bem-estar pelos próprios alunos autistas (Crompton *et al.*, 2023). Do mesmo modo, treinamentos para redução de estigma sobre autismo no ensino superior parecem ser mais eficazes quando conduzidos em conjunto por alunos autistas (Gyllespie-Linch *et al.*, 2022). A própria psicoeducação parece se beneficiar de incluir não apenas especialistas clínicos, mas *especialistas por experiência*, levando informação acurada e baseada em evidências sobre como é ser uma pessoa autista e como manejar a vida após o diagnóstico (Beresford; Mukherjee, 2024).

É essencial que essa participação seja de fato inclusiva. Isso perpassa desde tipos de comunicação para além da fala, seja comunicação alternativa ou aumentativa, níveis variados de suporte e configurações diferentes de comorbidades, bem como recortes sociais. Autistas não são somente homens brancos de classe média. As vivências no espectro são diversas, e as demandas também serão. Reforço, portanto, que mais vozes além da minha devem fazer parte da conversa.

A capacitação dos profissionais envolvidos no ensino superior para a inclusão de pessoas autistas é essencial. Em uma pesquisa *online* realizada no norte dos Estados Unidos, 96% dos servidores e professores universitários referiram a necessidade de maior treinamento sobre neurodiversidade (Accardo *et al.*, 2024). Entre as principais questões mencionadas está, ainda, a ideia de que adaptações e inclusão deveriam ser parte do *modus operandi* e da própria formação profissional continuada no ambiente universitário (Accardo *et al.*, 2024).

A implementação de mudanças nesse sentido requer a integração de esferas institucionais e a mobilização sistemática. Em termos mais acessíveis a indivíduos, a busca por informações empiricamente embasadas e a abertura para escutar as demandas trazidas por alunos autistas consistem em um passo importantíssimo. Ainda que, por si sós, não possam dar cabo de resolver a questão, são um movimento fundamental.

## REFERÊNCIAS

ACCARDO, A. L. *et al.* Valuing neurodiversity on campus: perspectives and priorities of neurodivergent students, faculty, and professional staff. *Journal of Diversity in Higher Education*, 2024.

ARAUJO, A. G. R. *et al.* Stigma and knowledge about autism in Brazil: a psychometric and intervention study. *Autism*, v. 28, n. 1, p. 215-228, 2024.

BERESFORD, B.; MUKHERJEE, S. Incorporating psychoeducational care in the autism diagnosis pathway: experiences, views, and recommendations of UK autistic adults and autism professionals. *Autism in Adulthood*, v. 7, n. 1, 2024.

CASSIDY, S. *et al.* Risk markers for suicidality in autistic adults. *Molecular Autism*, v. 9, n. 1, article 42, 2018.

COLETIVO Autista da UFRGS. Direção: Fernando Favaretto. Produção: Lucas Vieira. Porto Alegre: UFRGS, 2021. 1 vídeo (9 min). Disponível em: http://hdl.handle.net/10183/226220. Acesso em: 14 abr. 2025.

COOK, J. *et al.* Camouflaging in an everyday social context: an interpersonal recall study. *Autism*, v. 25, n. 5, p. 1444-1456, 2021.

CROMPTON, C. J. *et al.* 'Someone like-minded in a big place': autistic young adults' attitudes towards autistic peer support in mainstream education. *Autism*, v. 27, n. 1, p. 76-91, 2023.

GILLESPIE-LYNCH, K. *et al.* If you want to develop an effective autism training, ask autistic students to help you. *Autism*, v. 26, n. 5, p. 1082-1094, 2022.

HULL, L. *et al.* Is social camouflaging associated with anxiety and depression in autistic adults? *Molecular Autism*, v. 12, n. 1, 2021.

JACKSON, S. L. J. *et al.* Brief report: self-reported academic, social, and mental health experiences of post-secondary students with autism spectrum disorder. *Journal of Autism and Developmental Disorders*, v. 48, n. 3, p. 643-650, 2018.

KLEIN, J. *et al.* A systematic review of social camouflaging in autistic adults and youth: Implications and theory. *Development and Psychopathology*, p. 1-15, 2024.

O'HALLORAN, L.; COEY, P.; WILSON, C. Suicidality in autistic youth: a systematic review and meta-analysis. *Clinical Psychology Review*, v. 93, article 102144, 2022.

PLÁ, A. Coletivo acolhe estudantes com transtorno do espectro autista. *Jornal da Universidade*, 7 out. 2021. Disponível em: https://www.ufrgs.br/jornal/coletivo-acolhe-estudantes-com-transtorno-do-espectro-autista/. Acesso em: 14 abr. 2025.

SCHEMBRI-MUTCH, T. M.; MCCRIMMON, A. W.; ZWIERS, M. L. Understanding the needs of autistic post-secondary students. *Journal of Autism and Developmental Disorders*, v. 54, n. 7, p. 2636-2650, 2024.

# 10

# Inclusão de estudantes com TEA no ensino superior: a experiência do Núcleo de Inclusão e Acessibilidade da UFRGS

Adriana Maria Arioli

Daisy Schneider

Elisângela Bica

Os anos 1990, seguidos pela década seguinte, foram importantes do ponto de vista de mudanças paradigmáticas na educação brasileira no campo da educação especial. Acompanhando recomendações de documentos internacionais relacionados às pessoas com deficiência, como a Declaração de Salamanca (Unesco, 1994), normativas, resoluções e decretos foram criados no país, orientando os entes federativos no sentido de uma educação com perspectiva inclusiva. O objetivo deste capítulo é apresentar as políticas públicas no cenário da educação inclusiva, com foco no ensino superior, bem como as ações do Núcleo de Inclusão e Acessibilidade da Universidade Federal do Rio Grande do Sul (NIA/UFRGS).

## POLÍTICAS PÚBLICAS E EDUCAÇÃO INCLUSIVA

A *Constituição Federal* de 1988 define a educação como um direito social, e a *Lei de Diretrizes e Bases da Educação Nacional* (LDBEN) de 1996 apresenta um capítulo específico para a educação especial pela primeira vez. No mesmo ano, cabe destacar o Aviso Circular 277 do Ministério da Educação (MEC), que apresenta uma série de recomendações às instituições de ensino superior (IES) para a implementação de ações de acessibilidade com vistas à permanência dos "portadores de necessidades especiais[1]" no ambiente acadêmico.

Em 1999, é aprovado o Decreto Federal nº 3.298, que regulamenta a Lei Federal nº 7.853 de 1989, instituindo a *Política Nacional para a Integração da Pessoa Portadora de Deficiência*. Esse documento define em seu Art. 24º, inciso II, que a educação especial é uma modalidade de educação escolar de caráter transversal a todos os níveis e modalidades de ensino (Brasil, [2019] a), indicando novamente o ensino superior como campo de pertencimento das pessoas com deficiência.

Os anos 2000 iniciam com legislações robustas sobre atendimento prioritário e acessibilidade, como a Lei Federal nº 10.048 de 2000, a Lei Federal nº 10.098 também de 2000 e o Decreto Federal nº 5.296 de 2004, este último com orientações específicas aos sistemas de ensino, a saber:

> Art. 24. Os estabelecimentos de ensino de qualquer nível, etapa ou modalidade, públicos ou privados, proporcionarão condições de acesso e utilização de todos os seus ambientes ou compartimentos para pessoas portadoras de deficiência ou com mobilidade reduzida, inclusive salas de aula, bibliotecas, auditórios, ginásios e instalações desportivas, laboratórios, áreas de lazer e sanitários.
>
> § 1º Para a concessão de autorização de funcionamento, de abertura ou renovação de curso pelo Poder Público, o estabelecimento de ensino deverá comprovar que:
>
> I - está cumprindo as regras de acessibilidade arquitetônica, urbanística e na comunicação e informação previstas nas normas técnicas de acessibilidade da ABNT, na legislação específica ou neste Decreto;
>
> II - coloca à disposição de professores, alunos, servidores e empregados portadores de deficiência ou com mobilidade reduzida ajudas técnicas que permitam o acesso às atividades escolares e administrativas em igualdade de condições com as demais pessoas; e
>
> III - seu ordenamento interno contém normas sobre o tratamento a ser dispensado a professores, alunos, servidores e empregados portadores de deficiência, com o objetivo de coibir e reprimir qualquer tipo de discriminação, bem como as respectivas sanções pelo descumprimento dessas normas (Brasil, [2019]b, grifo nosso).

---

1 Terminologia utilizada na época do aviso circular. Atualmente a designação é "pessoas com deficiência".

Como destacado, a normativa direciona-se a todos os sistemas de ensino, inclusive ao ensino superior, público e privado, bem como aponta para a igualdade de condições das pessoas com deficiência com as demais. Isso acontece a partir de "ajudas técnicas", conforme o documento, mas que denominamos de "serviços de acessibilidade", responsabilidade institucional de implementação, com vistas à equidade. Destacam-se, ainda, o parágrafo 1º do mesmo artigo e seus incisos, que apontam para a necessidade de atender a determinadas condições de acessibilidade com vistas à concessão de autorização e renovação de autorização de cursos superiores, sob avaliação do poder público.

Outro movimento importante é do programa de *Reestruturação e Expansão das Universidades Federais* (REUNI), instituído pelo Decreto Federal nº 6.096 de 2007, o qual tem entre suas diretrizes a ampliação de políticas de inclusão e assistência estudantil. Na mesma linha, a *Política Nacional de Assistência Estudantil* (PNAES) também ingressa nessa perspectiva e abrange o atendimento das pessoas com deficiência, transtornos globais do desenvolvimento e altas habilidades/superdotação.

A *Convenção Internacional sobre os Direitos das Pessoas com Deficiência,* de 2007 (ONU), promulgada no Brasil pelo Decreto Federal nº 6.949 de 2009, versa sobre os direitos sociais, políticos, culturais, entre outros, das pessoas com deficiência, e é documento referência para os países signatários. Abordamos posteriormente a Convenção, quando tratarmos da perspectiva de trabalho do NIA/UFRGS.

Na continuidade desse processo, a *Política Nacional da Educação Especial na Perspectiva da Educação Inclusiva* (PNEEPEI), lançada em 2008, reforça a transversalidade da educação especial "[...] desde a educação infantil até a educação superior[...]" (Brasil, 2008), realizando-se "[...] por meio de ações que promovam o acesso, a permanência e a participação dos alunos" (Brasil, 2008). Tais ações podem ser concretizadas tanto pelos serviços de acessibilidade antes mencionados, em suas diferentes dimensões, quanto por ações de outra natureza, como formação de professores e participação da família e da comunidade. Assim, de uma óptica anteriormente bastante vinculada à ideia de classes e escolas especializadas no atendimento a esse público, passa-se a outra que busca mobilizar os sistemas de ensino na construção de espaços e tempos de aprendizagens diversas, diferentes e compartilhadas, com a participação de todos os entes (família, escola/universidade, poder público e sociedade).

Retomando a perspectiva histórica de normativas na educação das pessoas com deficiência, a Lei Federal nº 13.146 de 2015, chamada de *Lei Brasileira de*

*Inclusão* (LBI), ou *Estatuto da Pessoa com Deficiência*, apresenta um capítulo voltado à educação. A LBI foi resultado de um longo período de discussões nos ambientes parlamentares, com a participação intensa de pessoas, grupos e entidades representativas das pessoas com deficiência.

Com grande influência na construção da LBI, a *Convenção Internacional sobre os Direitos das Pessoas com Deficiência* traz uma alteração importante no conceito de pessoa com deficiência. O entendimento focado nos impedimentos do corpo (modelo clínico ou biomédico) deslocou-se para as barreiras que impedem as pessoas de terem uma participação plena e igualitária socialmente (modelo social da deficiência). Esse deslocamento pode ser constatado quando se observa o conceito adotado por duas legislações, o Decreto Federal nº 3.298 de 1999 e a Lei Federal nº 13.146 de 2015, respectivamente:

> Para os efeitos deste Decreto, considera-se: I - deficiência - toda perda ou anormalidade de uma estrutura ou função psicológica, fisiológica ou anatômica que gere incapacidade para o desempenho de atividade, dentro do padrão considerado normal para o ser humano (Brasil, [2019]a).

> Considera-se pessoa com deficiência aquela que tem impedimento de longo prazo de natureza física, mental, intelectual ou sensorial, o qual, em interação com uma ou mais barreiras, pode obstruir sua participação plena e efetiva na sociedade em igualdade de condições com as demais pessoas (Brasil, [2024]c, grifo nosso).

Ou seja, o corpo com deficiência não é definido somente a partir da lesão ou do impedimento, mas na sua relação com o ambiente, que pode se constituir como um espaço de exclusão, quando as condições de acesso, permanência e participação não são efetivadas para toda a sociedade. Trata-se, portanto, de olhar para a deficiência como uma das formas de experienciar a vida, e, para isso, as possibilidades devem ser efetivadas em igualdade de condições aos demais.

Em 2012, a Lei Federal nº 12.711, conhecida como a *Lei de Cotas*, dispõe sobre formas de ingresso nas instituições federais de ensino superior (IFES) e destina, no mínimo, 50% de suas vagas a estudantes da escola pública, em razão de renda familiar, bem como institui a reserva de vagas para pessoas pretas, pardas ou indígenas nos processos seletivos de ingresso. Em 2016, a Lei Federal nº 13.409 inclui as pessoas com deficiência na política de ações afirmativas, reconhecendo a reparação também a esse grupo social, que por muito tempo foi excluído e não representado no campo da educação. Em 2023, a Lei Federal nº 14.723 altera novamente a normativa, incluindo o grupo dos quilombolas, estende a reserva de vagas para a pós-graduação e a prorroga por mais 10 anos.

Por fim, destacamos a Lei Federal nº 12.764 de 2012, regulamentada pelo Decreto Federal nº 8.368 de 2014, que equipara o transtorno do espectro autista (TEA) à deficiência, conforme segue: "Art. 1º A pessoa com transtorno do espectro autista é considerada pessoa com deficiência, para todos os efeitos legais" (Brasil, 2014). Dessa forma, todos os direitos estabelecidos pela LBI e por outras legislações pertinentes podem ser acessados pelas pessoas autistas, incluindo a reserva de vagas nas IFES pela *Lei de Cotas*.

Conclui-se que toda a produção de documentos orientadores e normativas durante a década de 1990, com continuidade nos anos 2000, consolidou o entendimento da inclusão das pessoas com deficiência na educação como um direito, ainda que tenhamos que observar com cuidado as reverberações destes constructos nas práticas, seja na educação básica, seja no ensino superior.

## O PROGRAMA INCLUIR DE ACESSIBILIDADE NA EDUCAÇÃO E O NÚCLEO DE INCLUSÃO E ACESSIBILIDADE DA UFRGS – INCLUIR

Também na década de 2000, mais especificamente em 2005, é lançado o *Programa Incluir de Acessibilidade na Educação* pelo MEC, voltado para as IFES. De início, no formato de chamadas públicas, as universidades federais concorriam com projetos que contemplassem a implementação de ações, com vistas à inclusão das pessoas com deficiência na educação superior para a identificação e eliminação de barreiras. A partir de 2012, passa a ser uma ação contínua a todas as IFES, com o objetivo de, entre outros:

> [...] fomentar a criação e a consolidação de núcleos de acessibilidade nas universidades federais, as quais respondem pela organização de ações institucionais que garantam a inclusão de pessoas com deficiência à vida acadêmica, eliminando barreiras pedagógicas, arquitetônicas e na comunicação e informação, promovendo o cumprimento dos requisitos legais de acessibilidade (Brasil, 2013, grifo nosso).

Retoma-se, desse modo, a responsabilidade institucional na efetivação de ações que eliminem suas barreiras internas, entre elas as pedagógicas.

Ainda segundo tal documento orientador, os núcleos de acessibilidade "[...] devem disponibilizar serviços e recursos de acessibilidade que promovam a plena participação dos estudantes" (Brasil, 2013), ratificando a urgência no provimento da igualdade de condições por parte das IFES.

Nesse sentido, o Núcleo de Inclusão e Acessibilidade da UFRGS foi criado por portaria em 2014 como um setor da universidade - e não mais como um "programa" conforme acontecia desde 2005 –, compondo o organograma institucional. No Núcleo, são atendidos estudantes, servidores ou pessoas com deficiência da comunidade externa vinculadas às atividades da universidade como, por exemplo, participantes de projetos de extensão. São oferecidos recursos e serviços de acessibilidade[2] que dão suporte à permanência de estudantes e servidores com deficiência, ou em condição equivalente por legislação, como o TEA, cumprindo as recomendações de vários documentos.

Diferentes equipes compõem o NIA da UFRGS: equipe de tradutores intérpretes de Língua Brasileira de Sinais (Libras); equipe multiprofissional de acompanhamento dos atendidos; equipe administrativa; bolsistas de acessibilidade; e equipe de produção de conteúdo. Dessas equipes, no caso do atendimento de pessoas autistas, destacam-se a *equipe interdisciplinar de acompanhamento de discentes e de servidores*, a qual assessora diferentes setores, tanto os relacionados ao ensino quanto os de gestão, na observação e no aprimoramento de processos inclusivos; e a *equipe de assistentes em administração* para o andamento e encaminhamento de questões internas de gestão, bem como para o gerenciamento, em especial, dos bolsistas de acessibilidade. Esses *bolsistas* dão suporte aos "serviços de acessibilidade",[3] sendo alguns solicitados por estudantes autistas, tais como ledor e transcritor em provas e acompanhamento em restaurante universitário (RU) para ambientação. Com essa composição, o NIA da UFRGS disponibiliza as "ajudas técnicas" referidas no Decreto Federal n° 5.296 de 2004, colaborando na busca de igualdade de condições das pessoas com deficiência em relação às demais, para sua permanência na universidade.

---

[2] Para saber mais sobre o Núcleo, acesse https://www.ufrgs.br/incluir/.

[3] Outros serviços prestados incluem adaptação de materiais para Braille e fonte ampliada, acompanhamento de pessoas em cadeira de rodas, acompanhamento de pessoas cegas, descrição de imagens em materiais de estudo e trabalho, acompanhamento aos restaurantes universitários para apoio de pessoas com mobilidade reduzida ou comprometimento de membros, ledor e transcritor, e outros conforme demanda.

O NIA orienta seu trabalho a partir de três linhas de atuação: assessoria, formação e avaliação. A *assessoria* é realizada na articulação com os diferentes setores e órgãos da universidade, no sentido de buscar estratégias em conjunto para a melhor construção de processos inclusivos internos, no atendimento às necessidades de adaptações tanto nos ambientes de ensino quanto laborais, para promover a equidade. A *formação* se consolida a partir da promoção de ações de capacitação para a comunidade interna e externa, no sentido de compartilhar conhecimento sobre a área dos estudos da deficiência, como forma de contribuição na eliminação de barreiras causadas pelo desconhecimento sobre o tema. A *avaliação* acontece em interlocução com as unidades de ensino, em encontros onde são compartilhados experiências, dúvidas, concepções, projetos e propostas para a consolidação e o fortalecimento da inclusão no ensino superior. É um momento também de prospectar quais são as necessidades da comunidade universitária para a oferta de cursos ou capacitações, além de referenciar possíveis fragilidades sobre as quais sejam necessárias intervenções mais potentes por parte do NIA.

Por fim, reforçamos a perspectiva de trabalho do NIA da UFRGS, em alinhamento com a *Convenção Internacional sobre os Direitos das Pessoas com Deficiência* e a LBI, que reconhece nos sujeitos com deficiência seus impedimentos, mas os define para além do corpo com sequelas. A sociedade é chamada a compor essa definição ao reconhecer os efeitos de suas barreiras na produção de desigualdades e exclusão, e, da mesma forma, ao ter protagonismo na promoção de igualdade com equidade para as pessoas com deficiência, identificando e eliminando tais barreiras.

## ACOLHIMENTO E ACOMPANHAMENTO INTERDISCIPLINAR DE ESTUDANTES E SERVIDORES AUTISTAS – A EXPERIÊNCIA DO INCLUIR

Em 2023, a Pró-Reitoria de Assuntos Estudantis (PRAE), órgão da universidade ao qual o NIA está vinculado, publicou a Portaria nº 7.018, que dispõe sobre as diretrizes de acesso aos serviços de acessibilidade oferecidos pelo setor, incluindo o Serviço de Acolhimento e Acompanhamento Interdisciplinar às Pessoas com Deficiência. Trata-se de uma importante ação institucional que reafirma o compromisso da universidade na efetivação do direito das pessoas com deficiência à permanência no ensino superior. Cabe destacar que a portaria citada torna públicas as diretrizes dos serviços já existentes no NIA, ou seja, os serviços nela mencionados foram estabelecidos e são desenvolvidos desde a criação do setor, sendo constantemente aprimorados na relação entre a natureza das demandas e a articulação dos recursos da universidade.

Nessa perspectiva, o Serviço de Acolhimento e Acompanhamento Interdisciplinar às Pessoas com Deficiência tem por objetivo promover a equidade nas condições de acesso e permanência das pessoas com deficiência que possuam vínculo com a UFRGS, sejam estudantes, servidores docentes ou técnico-administrativos, a fim de que o desenvolvimento acadêmico, profissional e cultural desse público seja efetivado, conforme preconiza a legislação vigente, privilegiando a participação das pessoas atendidas e a transversalidade das ações. Esse serviço é realizado por equipe interdisciplinar composta atualmente por servidoras dos cargos técnico em assuntos educacionais, pedagoga e assistente social.

O acompanhamento de estudantes e servidores autistas tem apresentado um crescimento significativo, conforme os números registrados de atendimentos realizados pela equipe multiprofissional do NIA, como possível resultado das políticas de acesso ao ensino superior. Assim, estratégias foram pensadas para o acompanhamento desses estudantes, que procuram o setor indicando a necessidade de adaptações relacionadas à sua condição de autistas. Tais adaptações são de diferentes naturezas, tais como realização de provas em sala separada, dilação de tempo nas avaliações, uso de abafadores em sala de aula, ciência dos professores sobre a condição do estudante, acompanhamento pela unidade de ensino dos aspectos relacionados à acessibilidade, entre outras. É importante destacar que a LBI, em seu Art. 30, trata de adaptações para pessoas com deficiência "Nos processos seletivos para *ingresso e permanência* nos cursos oferecidos pelas instituições de ensino superior e de educação profissional e tecnológica, públicas e privadas" (Brasil, [2014]c, grifo nosso), e ainda aponta para o atendimento preferencial a esse grupo.

Conforme números registrados no setor, percebe-se o aumento de estudantes autistas que procuraram atendimento no NIA e que ainda têm vínculo ativo na graduação, como mostra a Figura 10.1.

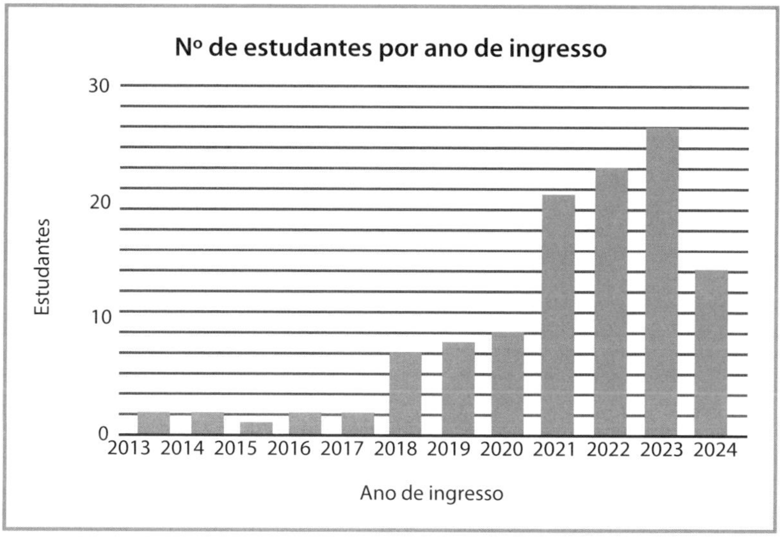


**Figura 10.1** – Número de estudantes que procuraram atendimento no NIA por ano de ingresso.

Observa-se, como dito antes, que a partir de 2018, ano da implantação na UFRGS da Lei Federal nº 13.409 de 2016, e dos primeiros acessos de pessoas com deficiência via sistema de reserva de vagas, há um aumento gradual no número de estudantes autistas ingressantes. Ressaltamos que esses dados correspondem aos estudantes que procuram o NIA, não representando o total destes na universidade, informação de que não dispomos.

Outro aspecto que consideramos importante tem relação com a escolha dos cursos, feita de forma independente pelos estudantes, sem interferência ou encaminhamento institucional. Salientamos o número importante de escolhas feitas pelos cursos da área da saúde, sendo que, a partir de nossos registros, dos mais de 30 estudantes que optaram por essa área do conhecimento, 22 são do curso de medicina. Como segunda opção mais procurada, estão os cursos da área das ciências exatas e da terra, sendo nove do curso de física e sete da ciência da computação. A procura pela área das engenharias é difusa entre as diversas opções de cursos (Figura 10.2).

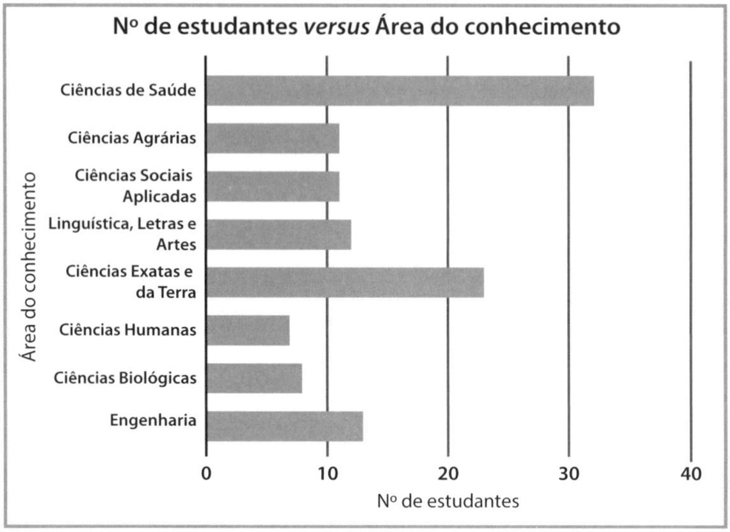


**Figura 10.2** – Áreas do conhecimento em que se inserem os cursos escolhidos pelos estudantes atendidos no NIA.

Somando as áreas das ciências exatas e da terra e das engenharias, chegamos a um número também importante de estudantes autistas frequentando cursos em que habilidades matemáticas são acionadas, além da possibilidade de desenvolver trabalhos com menor interação social. Por outro lado, o curso de medicina, que tem o contato social como intrínseco ao fazer médico, é o mais procurado por estudantes autistas entre aqueles atendidos pelo NIA. Esses dados precisam ser corroborados, ou não, a partir de pesquisas, e poderão sugerir estratégias para o atendimento adequado a esses estudantes, dentro das respectivas áreas de maior interesse. Atualmente, o número total de estudantes autistas atendidos pelo NIA é de 116, com nove desligados ou com transferência a outra universidade e também nove diplomados em nossos registros, salvo engano.

A partir do acolhimento aos estudantes e servidores autistas que buscam voluntariamente o setor ou são encaminhados por suas unidades de ensino/trabalho, é disponibilizado o *Formulário de Solicitação de Serviços e Recursos de Acessibilidade*[4] (FORMACESS) para preenchimento. Nesse

[4] Formulários disponíveis em https://www.ufrgs.br/incluir/solicitar-atendimento/servicos-e-recursos-de-acessibilidade-2/.

instrumento, próprio conforme o perfil, são formalizadas as solicitações de adaptações, tanto aquelas necessárias para realização de seus estudos acadêmicos quanto as relacionadas ao ambiente de trabalho e execução de suas funções laborais. Salientamos que o atendimento de estudantes e servidores autistas independe do tipo de acesso à universidade, isto é, se o ingresso foi realizado por ampla concorrência ou por alguma política de reserva de vagas. Logo, todos têm direito a adaptações, visando à igualdade de condições de estudo e de trabalho com os demais colegas.

No atendimento inicial aos estudantes e servidores autistas, além do preenchimento do FORMACESS, é realizada uma prospecção mais individualizada por meio de uma entrevista inicial. Nessa oportunidade, conversa-se sobre a trajetória escolar – e de trabalho, no caso de servidores –, sobre possíveis adaptações realizadas nesse período e sobre como ocorreu o processo diagnóstico (se no período da infância ou mais tardiamente). Essas informações contribuem para ajudar o estudante a preencher no formulário aspectos que possa não ter compreendido e indicado, mas que são necessários de acordo com o que se conclui na entrevista. Ainda auxiliam a identificar e salientar aspectos de acessibilidade que se destacam e merecem atenção especial, além das demais elencadas, nas orientações enviadas à Comissão de Graduação, ao Programa de Pós-Graduação ou à chefia do local de exercício laboral.

Essa entrevista inicial tem se mostrado importante como espaço de acolhimento, quando o estudante conhece o serviço de acompanhamento do NIA e pode se vincular com a equipe para suporte frente às dificuldades que possa encontrar durante a realização do seu curso ou atividades laborais com relação à acessibilidade. A reunião permite, igualmente, que perguntem sobre outros serviços da universidade.

Nesse momento, também são recebidos os pais ou companheiros dos estudantes, por necessidade de suporte na comunicação, ou ainda porque as famílias desejam acolhimento e solução de dúvidas. No entanto, o número de estudantes que buscam o NIA acompanhados de pais ou companheiros é significativamente menor.

A equipe de acompanhamento oferece assessoria ao corpo docente, às coordenações de curso e aos núcleos acadêmicos técnicos que tenham dúvidas quanto à condução ou melhor disponibilização das adaptações. Algumas comissões de graduação têm procurado o NIA para reuniões semestrais com os docentes que receberão estudantes com deficiência em suas turmas, porém essa é uma ação que precisa ser expandida e fortalecida para aperfeiçoar o atendimento público da educação especial.

Nesse processo de construção do atendimento aos estudantes com deficiência, especialmente os autistas, delineou-se a "monitoria de acompanhamento discente" em parceria com a Pró-Reitoria de Graduação. Essa modalidade, dentro do Programa de Monitoria Acadêmica da universidade, permite que seja disponibilizado um monitor específico com faixa de horário individual para os estudantes autistas. O monitor é um aluno do mesmo curso, portanto, que poderá explicar o funcionamento do ponto de vista do estudante, além de que esse contato tem potencial para contribuir com a interação social e inserção acadêmica do monitorado, justamente parte das maiores dificuldades mencionadas pela parcela de alunos autistas que solicitam esse suporte. Com base em um estudo de revisão de Moschen e Bosa (2024), entende-se que a monitoria entre pares, aproximando os iguais (alunos adultos de mesmo curso, com mesma faixa etária), pode colaborar para um melhor aproveitamento dos estudos em comparação com outras iniciativas com profissionais de outras faixas etárias, quando atendidos dentro do ambiente acadêmico.

Isso não significa a exclusão dos acompanhamentos terapêuticos externos; pelo contrário, eles são muito importantes como suporte emocional, médico e psicopedagógico, assim como para o desenvolvimento pessoal, colaborando para um melhor aproveitamento desse período de desenvolvimento profissional. Conforme a demanda, sendo necessário contato com outros setores da universidade e profissionais que atendem os estudantes autistas, a equipe interdisciplinar de acompanhamento realiza reuniões, intra e interinstitucionais, para melhor conduzir e orientar estudantes e unidades acadêmicas, especialmente em um trabalho colaborativo em rede.

## CONSIDERAÇÕES FINAIS

Empiricamente, é explícito o crescimento do número de estudantes e servidores autistas na UFRGS, a maioria com diagnóstico tardio. Essas pessoas que agora se descobrem autistas, principalmente por ainda estarem se familiarizando com seu diagnóstico recente – várias delas depois de receberem outros diagnósticos até chegarem no TEA, segundo seus relatos –, percebem-se em um processo no qual estão conhecendo suas necessidades e as estratégias que podem ser usadas para uma melhor qualidade de vida.

Ao mesmo tempo, estão ingressando na vida adulta e em uma formação profissional, diante de um mercado de trabalho que em breve irão enfrentar.

São muitos desafios internos de autoconhecimento que se somam a esse cenário externo, que pode ser caótico para as pessoas nessa condição. Com isso, há a necessidade de suporte da rede de apoio pessoal e das universidades, por meio dos NIAs e das equipes dos cursos, entre outros recursos. Nesse novo contexto, em que as pessoas com deficiência estão conseguindo gradativamente acessar o ensino superior – embora mais esforços devam ser feitos para sua permanência e conclusão da educação básica –, busca-se o aprimoramento constante dos processos em nossa equipe, além da sensibilização da comunidade acadêmica com ações de assessoria, formação e divulgação das questões de inclusão e acessibilidade.

## REFERÊNCIAS

BRASIL. [Constituição (1988)]. *Constituição da República Federativa do Brasil de 1988*. Brasília: Presidência da República, [2023]a. Disponível em: https://www.planalto.gov.br/ccivil_03/constituicao/constituicao.htm. Acesso em: 10 abr. 2025.

BRASIL. *Aviso Circular Nº 277/MEC/GM, de 08 de maio de 1996*. Orienta sobre adaptações aos portadores de deficiência nos processos seletivos para acesso ao 3º grau. Brasília: Ministério da Educação, 1996. Disponível em: http://portal.mec.gov.br/seesp/arquivos/pdf/aviso277.pdf. Acesso em: 10 abr. 2025.

BRASIL. *Decreto nº 3.298, de 20 de dezembro de 1999*. Regulamenta a Lei nº 7.853, de 24 de outubro de 1989, dispõe sobre a Política Nacional para a Integração da Pessoa Portadora de Deficiência, consolida as normas de proteção, e dá outras providências. Brasília: Presidência da República, [2019]a. Disponível em: https://www.planalto.gov.br/ccivil_03/decreto/d3298.htm. Acesso em: 10 abr. 2025.

BRASIL. *Decreto nº 5.296, de 02 de dezembro de 2004*. Regulamenta as Leis nº 10.048, de 8 de novembro de 2000, que dá prioridade de atendimento às pessoas que especifica, e 10.098, de 19 de dezembro de 2000, que estabelece normas gerais e critérios básicos para a promoção da acessibilidade das pessoas portadoras de deficiência ou com mobilidade reduzida, e dá outras providências. Brasília: Presidência da República, [2019]b. Disponível em: https://www.planalto.gov.br/ccivil_03/_ato2004-2006/2004/decreto/d5296.htm. Acesso em: 10 abr. 2025.

BRASIL. *Decreto nº 6.096, de 24 de abril de 2007*. Institui o Programa de Apoio a Planos de Reestruturação e Expansão das Universidades Federais - REUNI. Brasília: Presidência da República, 2007. Disponível em: https://www.planalto.gov.br/ccivil_03/_ato2007-2010/2007/decreto/d6096.htm. Acesso em: 10 abr. 2025.

BRASIL. *Decreto n° 6.949, de 25 de agosto de 2009.* Promulga a Convenção Internacional sobre os direitos das pessoas com deficiência e seu protocolo facultativo, assinados em Nova Iorque, em 30 de março de 2007. Brasília: Presidência da República, 2009. Disponível em: https://www.planalto.gov.br/ccivil_03/_ato2007-2010/2009/decreto/d6949.htm. Acesso em: 10 abr. 2025.

BRASIL. *Decreto nº 8.368, de 02 de dezembro de 2014.* Regulamenta a Lei nº 12.764, de 27 de dezembro de 2012, que institui a Política Nacional de Proteção dos Direitos da Pessoa com Transtorno do Espectro Autista. Brasília: Presidência da República, 2014. Disponível em: https://www.planalto.gov.br/ccivil_03/_ato2011-2014/2014/decreto/d8368.htm. Acesso em: 10 abr. 2025.

BRASIL. *Lei nº 7.853, de 24 de outubro de 1989.* Dispõe sobre o apoio às pessoas portadoras de deficiência, sua integração social, sobre a Coordenadoria Nacional para Integração da Pessoa Portadora de Deficiência - Corde, institui a tutela jurisdicional de interesses coletivos ou difusos dessas pessoas, disciplina a atuação do Ministério Público, define crimes, e dá outras providências. Brasília: Presidência da República, [2019]c. Disponível em: https://www.planalto.gov.br/ccivil_03/leis/l7853.htm. Acesso em: 10 abr. 2025.

BRASIL. *Lei n° 9.394 de 1996.* Estabelece as diretrizes e bases da educação nacional. Brasília: Presidência da República, [2024]a. Disponível em: https://www.planalto.gov.br/ccivil_03/leis/l9394.htm. Acesso em: 10 abr. 2025.

BRASIL. *Lei n° 10.048 de 2000.* Dá prioridade de atendimento às pessoas que especifica, e dá outras providências. Brasília: Presidência da República, [2023]b. Disponível em: https://www.planalto.gov.br/ccivil_03/leis/l10048.htm. Acesso em: 10 abr. 2025.

BRASIL. *Lei n° 10.098 de 2000.* Estabelece normas gerais e critérios básicos para a promoção da acessibilidade das pessoas portadoras de deficiência ou com mobilidade reduzida, e dá outras providências. Brasília: Presidência da República, [2019]d. Disponível em: https://www.planalto.gov.br/ccivil_03/leis/l10098.htm. Acesso em: 10 abr. 2025.

BRASIL. *Lei n° 12.711, de 29 de agosto de 2012.* Dispõe sobre o ingresso nas universidades federais e nas instituições federais de ensino técnico de nível médio e dá outras providências. Brasília: Presidência da República, [2024]b. Disponível em:

https://www.planalto.gov.br/ccivil_03/_ato2011-2014/2012/lei/l12711.htm. Acesso em: 10 abr. 2025.

BRASIL. *Lei nº 12.764, de 27 de dezembro de 2012*. Institui a Política Nacional de Proteção dos Direitos da Pessoa com Transtorno do Espectro Autista e altera o § 3º do art. 98 da Lei nº 8.112, de 11 de dezembro de 1990. Brasília: Presidência da República, [2020]. Disponível em: https://www.planalto.gov.br/ccivil_03/_ato2011-2014/2012/lei/l12764.htm. Acesso em: 10 abr. 2025.

BRASIL. *Lei nº 13.146, de 6 de julho de 2015*. Institui a Lei Brasileira de Inclusão da Pessoa com Deficiência (Estatuto da Pessoa com Deficiência). Brasília: Presidência da República, [2024]c. Disponível em: https://www.planalto.gov.br/ccivil_03/_Ato2015-2018/2015/Lei/L13146.htm. Acesso em: 10 abr. 2025.

BRASIL. *Lei n° 13.409, de 28 de dezembro de 2016*. Altera a Lei nº 12.711, de 29 de agosto de 2012, para dispor sobre a reserva de vagas para pessoas com deficiência nos cursos técnico, de nível médio e superior das instituições federais de ensino. Brasília: Presidência da República, 2016. Disponível em: https://www.planalto.gov.br/ccivil_03/_ato2015-2018/2016/lei/l13409.htm. Acesso em: 10 abr. 2025.

BRASIL. *Lei n° 14.723 de novembro de 2023*. Altera a Lei nº 12.711, de 29 de agosto de 2012, para dispor sobre o programa especial para o acesso às instituições federais de educação superior e de ensino técnico de nível médio de estudantes pretos, pardos, indígenas e quilombolas e de pessoas com deficiência, bem como daqueles que tenham cursado integralmente o ensino médio ou fundamental em escola pública. Brasília: Presidência da República, 2023a. Disponível em: https://www.planalto.gov.br/ccivil_03/_ato2023-2026/2023/lei/l14723.htm. Acesso em: 10 abr. 2025.

BRASIL. Ministério da Educação. *Política Nacional de Educação Especial na Perspectiva da Educação Inclusiva*. Brasília: MEC, 2008. Disponível em: http://portal.mec.gov.br/arquivos/pdf/politicaeducespecial.pdf. Acesso em: 10 abr. 2025.

BRASIL. Secretaria de Educação Continuada, Alfabetização, Diversidade e Inclusão. *Programa incluir:* acessibilidade na educação superior SECADI/SESu–2013. Brasília: Ministério da Educação, 2013. Documento orientador.

BRASIL. Universidade Federal do Rio Grande do Sul. *Portaria normativa nº 7.018 de 17 de outubro de 2023*. Dispõe sobre diretrizes do Núcleo de Inclusão e Acessibilidade da Universidade Federal do Rio Grande do Sul. Brasília: UFRGS, 2023b. Disponível em: https://www.ufrgs.br/prae/wp-content/uploads/2023/10/7018-Portaria-Normativa-INCLUIR.pdf. Acesso em: 10 abr. 2025.

MOSCHEN, I. P.; BOSA, C. A. Programas para a promoção da inclusão de estudantes com autismo no ensino superior: desafios e possibilidades. *In*: SCHMIDT, C.; PAULA, C. S. de (org.). *Transtorno do espectro autista:* pesquisas na saúde e na educação. Campinas: Papirus, 2024. cap. 8.

UNESCO. Organização das Nações Unidas para a Educação, Ciência e Cultura. *Declaração de Salamanca sobre princípios, política e práticas na área das necessidades educativas especiais.* Salamanca: UNESCO, 1998. Disponível em: https://unesdoc.unesco.org/ark:/48223/pf0000139394. Acesso em: 10 abr. 2025.